好方法成就好孩子

童童老师
— 著 —

中国出版集团
中译出版社

图书在版编目（CIP）数据

好方法成就好孩子 / 童童老师著 . -- 北京：中译出版社，2022.10
ISBN 978-7-5001-7182-9

Ⅰ . ①好… Ⅱ . ①童… Ⅲ . ①家庭教育 Ⅳ . ① G78

中国版本图书馆 CIP 数据核字（2022）第 160138 号

版权所有©童童老师
本书版权经由如何出版社有限公司授权中译出版社有限公司简体中文版
委托安伯文化事业有限公司代理授权
非经书面同意，不得以任何形式任意重制、转载
版权登记号：01 2022-2964

好方法成就好孩子
HAO FANGFA CHENGJIU HAO HAIZI

| 出版发行 / 中译出版社 |
| 地　　址 / 北京市西城区新街口外大街 28 号普天德胜大厦主楼 4 层 |
| 电　　话 /（010）68359376　68359303　68359101 |
| 邮　　编 / 100044 |
| 传　　真 /（010）68357870 |
| 电子邮箱 / book@ctph.com.cn |
| 责任编辑 / 顾客强　王　滢 |
| 封面设计 / 末末美书 |
| 印　　刷 / 中煤（北京）印务有限公司 |
| 经　　销 / 新华书店 |
| 规　　格 / 880mm×1230mm　1/32 |
| 印　　张 / 8 |
| 字　　数 / 150 千字 |
| 版　　次 / 2022 年 10 月第 1 版 |
| 印　　次 / 2022 年 10 月第 1 次 |

ISBN 978-7-5001-7182-9　　定价：48.00 元

版权所有　侵权必究
中 译 出 版 社

自序
看见孩子的需求，是化解冲突的第一步

强强是我遇到过的孩子中，最让我紧张、却也最快解除冲突的孩子。

刚上小班的第一周，强强不是在同学身上留下咬痕，就是对同学做出攻击举动，导致全班同学都与他发生过冲突，无一幸免。

> "无缘无故，就突然攻击同学吗？"
> "对！老师也录下了监控的画面，真的是我们家强强的问题，同学就只是从他旁边走过而已，他就突然扯同学的头发，扯到同学尖叫还不停手。"

强强妈妈只好挨家挨户地道歉，而每天送孩子上学对妈妈来说，也成为压力的开始。或者上午才刚过，午餐时间就接到学校打来的电话；或者中午去学校接孩子时看到老师难看的脸色。

> "把全班都打了一遍？我真的还没遇到过这种情况。"

"童童老师,我该怎么办?学校老师说,如果强强再继续这样下去,那学校可能就没办法收他了!其实我们已经很感谢学校了,没有直接叫我们退学,而是希望我们先接受早疗评估,看有没有什么办法可以帮助孩子。"

"我了解了,那我们就先来讨论,看看从哪些方向介入才能引导强强不在学校继续发生冲突。"

从评估结果来看,强强很多方面能力都不错,但有一点比较弱,这刚好也跟强强出现攻击行为相关。

我们发现强强虽然能听懂指令,也能跟别人进行简单的对话,但在对话时回答的速度比较慢,而且常常会想很久,或干脆用动作来表示。

不仅如此,当要求强强描述情况时,他也只会说出单字,而不是句子,这点跟语言治疗师做的评估结果也相符。

也就是说,强强的语言理解没问题,他能听懂并处理别人讲的话,但语言表达能力比同龄孩子弱,所以常常会有想要说话却不知道该怎么说出口的状况。

"那跟强强出现攻击行为有什么关系呢?"

"当我们有想要表达的想法或需求,却又讲不出口时,就很容易出现情绪。而强强也因为这样,才会选择用肢体动作来当作无法用语言沟通时的弥补方法！"

"老师你这么说我就懂了，强强真的很容易因为说不清楚自己的想法而生气，不过为什么全班同学都会被他打呢？"

"以这个年纪的孩子容易出现攻击行为的原因来推论，我猜他可能是想找同学一起玩，但说不出来，也没人理他，所以才会发展出'用打人来吸引同学关注'的交往模式。一个同学不行，就换下一个。

"如果是这个原因，我们初期就一定要先引导强强把想法讲出来，并务必让他复诵一次句子，下次发生这样的状况时他才知道该如何说出口。

"比如先跟强强说：'同学都不跟你玩，所以你很难过对不对？那你自己要说，我可以跟你玩吗？同学才知道你想跟他们玩呀！'"

当然，根本上的方法，还是加强强强的语言表达能力、增加词汇量、学会用比较有结构的语言描述事件等，这样才不会出现想讲却讲不出来的情况。

后来我又跟强强妈妈聊了些训练的方向，也约了下一次上课的时间，但心里隐隐还是担忧，就怕万一强强的攻击行为对同学造成严重的伤害。

面对出现攻击行为的孩子最怕操之过急,这样会适得其反。

因此在下一次上课前,我想过打电话关心,却又怕一直询问会给强强的爸妈压力,也想着如果有突发状况的话,家长应该会主动打电话给我。想着想着,一周的时间就过去了。

"老师,强强已经三天没有出现攻击行为了!"

"这样很棒!那我先给强强上课,上完课再跟妈妈聊!"

当然,强强的语言能力不可能在一周内就突飞猛进,所以我们还是将上课目标放在情绪词汇的命名,好让强强知道不同的情绪状态可以用什么方式表达,同时与语言治疗师合作,引导强强用有结构的语言描述玩过的游戏。

上完课后,我迫不及待地想知道强强在学校的进步。妈妈说,前两天我们照着老师教的方法跟强强沟通,但要他仿说时,不管怎么"威逼利诱",强强就是不愿意练习。

"爸爸和我也知道没有那么快就能成功的事,就没有逼强强第一天一定要说出来。

"结果到第二天晚上,我们在引导强强时,爸爸突然灵机一动,问强强是不是因为不喜欢同学靠他太近,所以才动手。结果强强竟然点点头,然后就跟着说了出来！"

原来是不喜欢被别人碰！我惊讶了一下，也检讨着原来强强出现攻击行为原因的想法，跟我一开始设想的不一样。

"妈妈跟强强讨论过如何才能解决他不想让同学靠得太近这件事吗？"

"第一次问出来的时候没有讨论，因为没有想到真的是这个答案，所以我们也没想到要跟他说怎么解决。我们只是告诉强强，爸爸妈妈知道了，会帮他一起想办法。"

听到妈妈这样说，我实在很感动，也有很深的感悟。

因为爸爸妈妈说出的**"爸爸妈妈知道了，会帮忙一起想办法"**这句话，对孩子来说多么重要！

我们常常在处理冲突时，只处理孩子"看得见"的行为。于是处罚也好，沟通也好，孩子行为出现的原因往往容易被忽略——**"我会发生冲突，是因为我还不知道自己的需求与他人产生碰撞时，该怎么解决。"**

而强强危机的解除，靠的就只是家长"讲出并同理了孩子的需求"这件事而已。不过，也就是因为"讲出来了"，所以孩子的需求才被家长"看"到了；也正因为"同理了"，强强才因此知道"原来,爸爸妈妈是站在我这边的"。

这样看来,**孩子发生的这些冲突,其实就好像他发出来的求救信号,而当信号被发现并被重视时,孩子就没有必要再继续用冲突来求救了。**

当然,也不是每次引导都能那么顺利。比如一开始,连我也会猜错强强的需求;也有一些时候,即使孩子的需求被看见了,但在孩子还没学会如何用适当的方式与他人进行沟通之前,冲突仍有可能会继续发生。

不过**最困难的地方,就在于我们要从孩子的外显行为中抽丝剥茧,找出孩子的真正需求。**

因此,我希望大家能借由这本书的介绍,知道"孩子想说什么",也开始把倾听孩子想说的话当作与孩子沟通的第一步。

当我们开始试着这样做时,就能陪伴孩子"在需求被看见中成长",而不是在孩子不断地发出求救信号后漠视他。

最后,期待孩子所有发生过的冲突,都能在被看见后成为沟通的契机;也期待所有孩子,都能慢慢地学会如何在不与他人或自己产生冲突的情况下,拥抱自己的需求。

目录 CONTENTS

第一章 依附建立需求
让我们把心中最柔软的地方,留给彼此

1-1 作为父母的定位

孩子为什么需要父母? / 2

1-2 孩子是怎么认识主要照顾者的?

婴儿期前六个月的大脑:适应这个世界的感觉讯息 / 8

触觉:抚摸会给婴儿带来愉悦感 / 10

练习1:建立与孩子互动时的触觉仪式 / 14

1-3 主要照顾者该如何响应孩子的依附需求?

孩子在不同发展阶段的依附需求 / 16

依附关系确认期:六个月到一岁半 / 17

依附关系发展期:一岁半至十岁 / 19

主要照顾者该如何响应孩子的依附需求？ / 24

练习2：响应孩子的依附需求，分开处理"情绪"与"行为" / 28

第二章 自我发展需求
认识自己，收获自我动力与自我价值

2-1 自我概念介绍：我为什么是"我"？
我是如何成为"我"的？ / 32

2-2 自我建构系统：我是谁？
不懂自己，所以也不知道自己可以做到什么事 / 37

如何带着孩子认识自己？ / 41

认识自己与"具身认知"（Embodied Cognition） / 41

练习3：画"自画像" / 50

2-3 自我评估系统：我好不好？
我的孩子怎么这么没自信？！ / 54

自信心是什么？ / 57

社会回馈 / 59

预期与结果的落差 / 66

自信心、自尊心与挫折忍受度 / 67

练习4：如何在不影响孩子自我评价的状态下设立规范 / 73

2-4 自我评估系统：自信心越高越好?

类型一 / 76

类型二 / 80

类型三 / 82

练习5：让孩子赢过自己 / 87

2-5 自我动机系统：我想要!

还记得我们在人生不同阶段的"想要"吗? / 89

学习动机与行为动机 / 91

练习6：动机状态分析 / 94

2-6 自我动机系统：启动孩子做事的开关

孩子九岁之前的行为，基于"趋赏避罚" / 96

行为类事件：毫无动机，趋避型 / 98

学习类事件：无学习动机型 / 122

练习7：给孩子选择权 / 128

2-7 自我动机系统：如何让孩子自动自发?

将外在动机转化为内在动机 / 133

外律→内摄自律 / 138

内摄自律→认同自律 / 143

练习8：从外在动机驱使，转换成内在动机 / 148

2-8　自我动机系统：孩子失去学习热忱怎么办？

他说想学，我才让他学的啊！ / 154

有学习动机：需要延续型 / 156

影响孩子"探索"动力的因素 / 158

影响孩子获得"成就感"动力的因素 / 162

练习9：陪着孩子解决学习困难 / 169

第三章　情绪发展需求
面对情绪，了解情绪要告诉我们的事

3-1　为什么我们会有情绪？

家长的烦恼：孩子，你为什么不再向我吐露心事？ / 172

情绪是什么呢？ / 174

情绪的本质：在不同的情境下，身体的预先准备状态 / 177

练习10：同理孩子的情绪 / 180

3-2　为什么我们会有情绪呢？

脑部对情绪的影响——艾略特的故事 / 182

情绪与决策的关联 / 184

引导孩子情绪的关键 / 188

练习11：比对自己对情绪的看法 / 192

3-3　如何帮助孩子调节情绪？

情绪与事件记忆 / 195

情绪调节的引导 / 196

练习12：协助孩子调节情绪 / 199

3-4　如何帮助情绪中的孩子？

害怕，都是想象出来的？ / 201

讨厌就是讨厌！ / 210

你再生气，我就要处罚你 / 214

这没什么好哭的 / 225

一生要追求的，只有快乐而已？ / 229

参考文献 / 236

第一章
依附建立需求

让我们把心中最柔软的地方，
留给彼此

1-1 作为父母的定位

孩子为什么需要父母?

每当我提出这个问题时,总会出现许多不同的答案。而这些基于不同角度的答案,也总能延伸出许许多多的思考方向。

在正式进入主题之前,我也想先借由这个问题来进行一个小小的讨论。

孩子为什么需要父母呢?

我觉得孩子需要父母,是因为需要父母_____。

(继续看下去前,请大家先思考一下,并把答案填在上方空格处。)

与大家讨论这个题目的原因，并不是要探讨答案的对错，而是在某种程度上，我们多多少少会因为这些答案，使得我们的教养决策会偏重在某些层面的引导。

例如，我觉得孩子需要父母，是因为孩子有父母"才能生存"。那么，我或许就将自己定位成一位"保护者"，而常跟孩子基于"你需要我的保护"这个话题进行讨论：要随时跟在我身边、不能离开我的视线等。

从下表中我们可以发现，我们或多或少可能因为自身的"父母定位"，展现出不同的"引导方式"。

	孩子需要父母，是因为需要父母……	
序号	父母定位	引导方式
1	教导他们分辨对错	跟孩子讨论对错，鼓励孩子做对的事
2	帮助约束行为	跟孩子讨论：什么事能做，什么事不能做；或者要求孩子在做事之前先问父母
3	帮助融入社会	跟孩子讨论：在团体里应该怎么表现、怎么做才能交到朋友、分享的重要性等
4	提供机会让孩子发展	注重孩子在练习中有没有因此有所成长、有所收获
5	作为模仿的对象	希望在成长过程中，孩子能以父母作为榜样
6	控制情绪	询问孩子心情如何、是否因为某事而不开心
7	提供物质需求	询问孩子物品或零花钱够不够用、是否还有其他需求

续表

孩子需要父母，是因为需要父母……		
序号	父母定位	引导方式
8	提供正确的价值观	引导孩子的思考，引导孩子建立正确的人生观、金钱观、道德观等
9	引导孩子的人格发展	常跟孩子强调"诚实""正直""大方""自信""善良"等品格的重要性
10	陪伴	重视跟孩子"在一起"的时间，或者尽量安排与孩子相处的机会
11	提供爱	在意自己提供的方式是否合乎"爱的教育"，反省自己有没有给予孩子足够的包容，或者避免用责骂、惩罚等负面的方式教育孩子
12	保护安全	跟孩子讨论时，基于"你需要我的保护"进行沟通，比如提醒孩子随时跟在父母身边，不能离开父母的视线等

不过，在这些我们认为孩子需要父母的原因中，有没有哪些是其他大人替代不了、只有父母能做到的事呢？如果有的话，那这件事会不会比其他原因要重要呢？

美国的心理学家约翰·鲍比（John Bowlby）即试图从他的研究中厘清这个部分。

他发现，如果**孩子一旦"在特定年龄阶段"长期失去与主要照顾者互动的机会，那么即使孩子能够在其他大人提供食物、住所及教育的情况下安全地长大，孩子的情绪发展也**

将受到相当大且不可逆的影响。

随后,约翰·鲍比也将他的发现整理成著名的"依附理论",即**"孩子需要父母,是因为他们有与父母建立依附关系的需求"**。

因此,从依附理论的角度来看,孩子需要与主要照顾者建立依附关系,这是谁都无法取代的,只有主要照顾者才能够给予。

(这里要强调一下,依附关系的建立靠的并不是基因,所以跟是否为"亲生"父母并无关系,而主要照顾者与孩子互动的质量与方式才会影响依附关系建立的程度。所以后文中提及的父母,都将会作为"主要照顾者"来介绍。)

就在许多理论与实证不断地补充和脑科学研究的盛行之下,我们对依附关系的了解,也与一开始约翰·鲍比提出时有些许不同了。

因此,我们就在接下来的篇幅中,来聊聊依附关系是如何形成的,孩子为何会有依附的需求,以及作为主要照顾者的我们如何满足孩子的依附需求。

最后,除了借由"孩子为什么需要父母"的讨论,带入接下来的重点——依附关系之外,对"父母定位"的思考或许还有另一层值得探讨的方向,即**我们常与孩子发生冲突的**

原因，是否来自于这些父母定位呢？

比如说，我是一位认为"约束孩子行为"很重要的父母，那我不仅常常在"行为修正"这件事上会与孩子有所冲突，会不会也容易因此太在意孩子行为的纠正，而忽略孩子的情绪需求呢？

又比如说，我是一位提倡"孩子需要爱"的父母，那么我会不会因此把"爱的教育"当作解决问题的方法，而忽略了孩子需要父母提供"爱"以外的解决策略呢？

而这些冲突**何尝不是因为亲子关系是建立在"对彼此的需求是单向的"这个基础上的呢？**

父母认为这件事是重要的，因此要求孩子去做，但对孩子而言，他根本不想这样做；又或者是孩子想要做，但父母没有发现这件事的重要性。

要解决需求如此不平衡的矛盾，我们或许可以思考，孩子之于父母、父母之于孩子，有没有什么是从一开始就被我们忽略、却又是彼此都需要而能将亲子关系拉近的方式呢？

第一章 依附建立需求

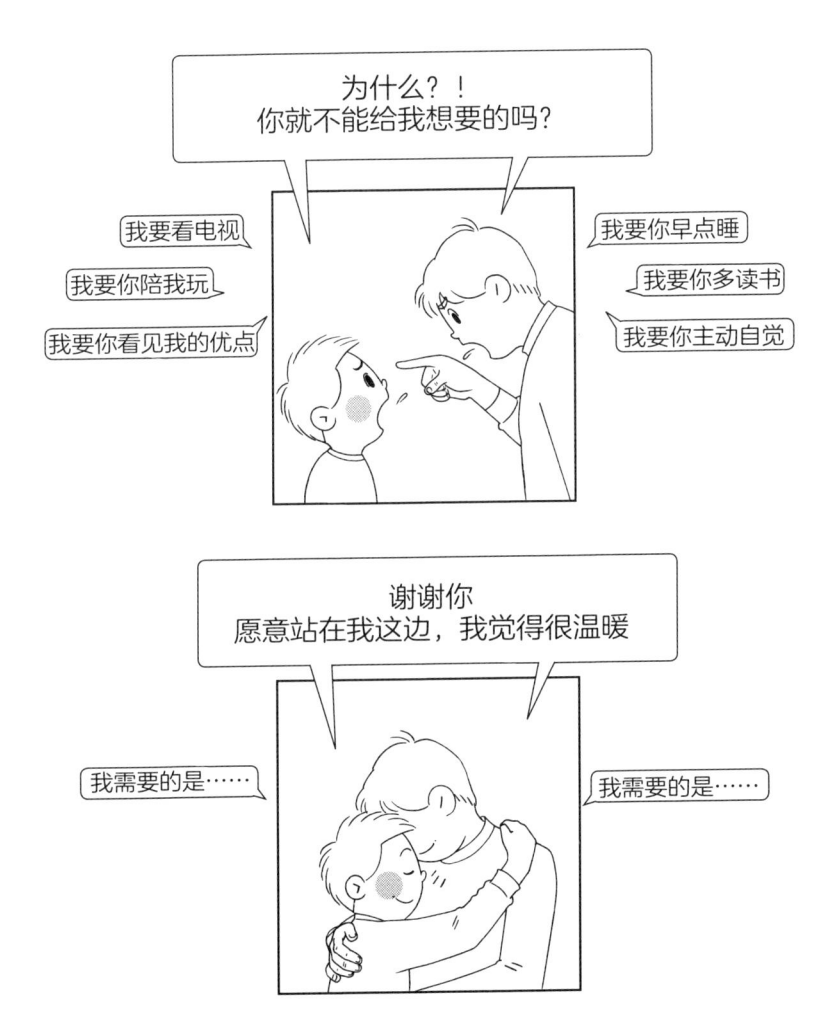

> 为什么？！
> 你就不能给我想要的吗？

- 我要看电视
- 我要你陪我玩
- 我要你看见我的优点
- 我要你早点睡
- 我要你多读书
- 我要你主动自觉

> 谢谢你
> 愿意站在我这边，我觉得很温暖

- 我需要的是……
- 我需要的是……

当需求只是单方向时，会让彼此越来越疏离。
有没有什么方式可以让需求平衡，将彼此拉近呢？

7

1-2 孩子是怎么认识主要照顾者的？

婴儿期前六个月的大脑：适应这个世界的感觉讯息

对于婴儿来说，刚出生的世界是个从未接触过的全然未知的环境。

因此既然"生存"这个首要任务可以在大人的照料下完成，对婴儿来说最重要的事就是**尽快"适应"环境。**

因为婴儿与环境的互动主要依靠的是环境所提供的感觉讯息（比如风吹的声音、床的触感等），所以说得更准确一点，婴儿需要适应的，**是环境中的"感觉讯息"。**并且，婴儿在"感觉刺激重复暴露"的过程中，快速增加对这些感觉刺激的熟悉感，形成对环境"日常"的知觉。

婴儿大脑中的蓝斑核（Locus Coeruleus）在此时就显得特别重要了。蓝斑核会帮助"感觉记忆"形成及巩固，而这似乎也是蓝斑核在婴儿大脑中特别活跃的原因。

在蓝斑核的帮助下，大人身上的气味，被大人抱着的触感，眼前大人的笑脸、声音，经过不同感觉系统所传递的嗅觉、触觉、视觉、听觉讯息出现后，由于重复显露的原因，婴儿也对这些感觉越来越熟悉，最终形成了"亲子之间的熟悉感"。

这样，孩子在六个月之间，才逐渐地知道他的主要照顾者是谁，并在此熟悉感的前提下，对"主要照顾者"有所偏爱。

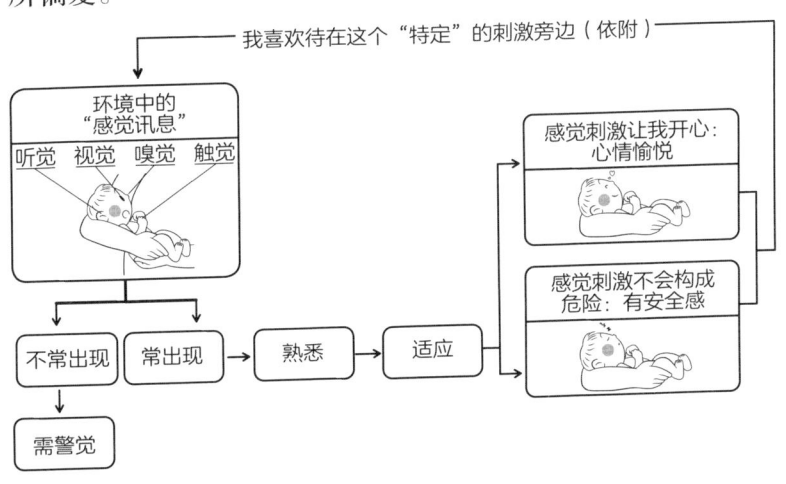

```
                我喜欢待在这个"特定"的刺激旁边（依附）
   ┌─────────────────────────────────────────────────────┐
   ↓                                                     │
┌──────────┐                          ┌──────────────┐  │
│ 环境中的  │                          │感觉刺激让我开心│  │
│"感觉讯息"│                    ┌────→│  心情愉悦    │──┤
│听觉 视觉 │                    │      └──────────────┘  │
│嗅觉 触觉 │                    │                        │
└────┬─────┘                    │      ┌──────────────┐  │
     │                          │      │感觉刺激不会构成│  │
     ↓                          │      │ 危险：有安全感│──┘
  ┌──────┐ ┌──────┐ ┌────┐ ┌────┐│      └──────────────┘
  │不常出现│ │常出现│→│熟悉│→│适应│┘
  └──┬───┘ └──────┘ └────┘ └────┘
     ↓
  ┌──────┐
  │需警觉│
  └──────┘
```

不过，虽然不同的感觉多少有它们特别的影响层面在，但在建立"亲子之间的熟悉感"的过程中，触觉似乎比其他的感觉更为重要。

触觉：抚摸会给婴儿带来愉悦感

为什么触觉会特别重要呢？许多研究证实，婴儿的触觉系统有所谓的"CT纤维"存在。

"CT纤维"是存在于人体"有毛"部位（如脸、手臂等）的讯息传导路径。这类神经纤维会对"轻抚"等缓慢移动的触觉刺激有所反应，并将讯息传至与"情绪"相关的脑区。

这也解释了为何我们在被温柔地抱着、安慰性地抚摸、鼓励性地轻拍时会有愉悦、温暖的感受。

因此当我们抚摸婴儿时，不仅仅是在告诉他我们正在抚摸他，更是在告诉他：**我在给你提供情感讯息。**

这样的触碰也会进一步启动副交感神经，让婴儿的心跳速度降低（感觉放松），婴儿也会将眼神注视导向施予抚摸的刺激源。甚至在这样的情况下，婴儿更能够记得照顾者的脸，以增加眼神注视的机会。

正因为如此，当我们轻拍着婴儿的时候、接触着他的时候、摩擦着他的脸以示爱护的时候，这些动作都正活化着CT纤维，且一次次地增加正向回馈的经验。

总而言之，触觉刺激不只提供情感讯息，让婴儿感到愉悦，**更能逐步让婴儿对主要照顾者更加注意，并将这些社交讯息与正向的情绪感受联结起来，让婴儿对主要照顾者有所"偏爱"**，特别想要待在主要照顾者身边。

而这种状态的建立，就好像形成与特定照顾者的联结一般，也就自然而然地形成了依附关系。

婴儿期前六个月该注意什么呢？

1. 维持感觉给予的恒常性

孩子在出生后前六个月的发展重点，是适应这个环境，并逐渐地与主要照顾者建立联结。

而建立联结就是在与照顾者互动的过程中，熟悉照顾者提供的"感觉"，最终靠着这些熟悉的感觉，"认得"这个就是我的主要照顾者。

因此主要照顾者所提供的"感觉恒常性"很重要。比如照顾者身上的气味（嗅觉）、皮肤接触的触感（触觉）、与宝宝对话的声音（听觉）等。

如果上述这些感觉在这个阶段一直改变，那就会使孩子感到无所适从，有可能影响联结建立的质量。

比如，主要照顾者身上的气味因为每天喷不同的香水而改变，孩子可能就会因不知道该适应哪种气味而感到困惑；安抚孩子的时候，也可以提供固定的触觉感受——如和缓地在手臂上按摩、抚摸，让孩子在舒服的感受下建立安全的依附关系。

2.建立一个以上的依附对象，为接下来的阶段做准备

很快地，孩子就会从前六个月的"依附关系建立期"进入六个月后的"依附关系确认期"。

而"确认期"孩子的特色，就是会因为害怕失去主要照顾者而出现分离焦虑，也就是依附对象一不在他的视线内，他就会出现大哭等恐惧情绪。

但这通常也是许多妈妈选择回职场的尴尬时间，因此就会出现每天早上要与妈妈分开时的难分难舍情形。

为了不让孩子的情绪一直处于焦虑状态，建议在新生儿零至六个月的成长阶段里，除了建立主要照顾者与孩子关系外，再多建立一位次级依附对象（未来会长时间与孩子相处

的对象）与孩子的链接，如此就可以让主要依附对象轮流照顾，以避免孩子的分离焦虑持续发展。

至于次级依附对象要在孩子零至六个月时做什么事呢？原则还是一样的，重复地提供感觉刺激，并与主要照顾者有同等机会跟孩子互动、安抚孩子，这样就可以使成长阶段的转换更加顺利。

练习 1　建立与孩子互动时的触觉仪式

建议年龄：零岁↑可

如何建立与孩子互动时的触觉仪式呢？大家可以参考下页的图片。此外，仪式的建立也不限于零至六个月的孩子，学龄前、学龄阶段的孩子也都适用！

而对较大的孩子，大家可以先与孩子一起讨论，哪些触觉接触是他们可以接受的方式，再慢慢地加入日常互动当中。

比如，有些人会在看到孩子时，先与他们击掌、轻拍手臂，最后再来一个拥抱，就是如此简单又可以促进彼此互动的触觉仪式。

如何建立与孩子的"触觉仪式"

Step 1	决定仪式发生的"情境":在什么场合或时刻,借由触觉仪式建立亲密感

例1:说再见时	例2:安抚情绪时	例3:孩子准备睡觉时
我不想你走	爸爸在,不用怕	晚安,我的小宝贝

Step 2	决定触觉仪式的"步骤":肢体接触部位+触觉给予的方式+次数

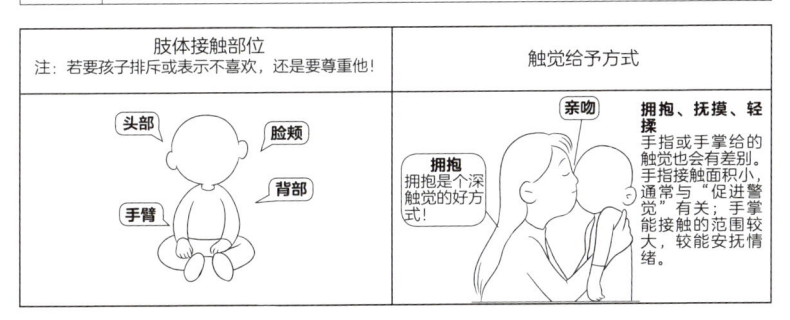

肢体接触部位 注:若要孩子排斥或表示不喜欢,还是要尊重他!	触觉给予方式
头部、脸颊、背部、手臂	亲吻 拥抱:拥抱是个深触觉的好方式! 拥抱、抚摸、轻揉 手指或手掌给的触觉也会有差别。手指接触面积小,通常与"促进警觉"有关;手掌能接触的范围较大,较能安抚情绪。

Step 3	执行触觉仪式行为:注意观察孩子的反应和执行的一致性

第一步:告知触觉和目的	第二步:过程中可以告知接触的部位	第三步:同步将执行的次数数出来
妈妈帮你按摩一下,会睡得比较好	我们先来按摩背	一下、两下……

1-3 主要照顾者该如何响应孩子的依附需求?

孩子在不同发展阶段的依附需求

依附关系一开始建立,是"只要我在依附对象身旁,我就会感觉到安心,与其互动时就会感到愉悦"。

更重要的是,如此关系的联结并不是人人都可以,而是我只"依附"在特定几个人(主要照顾者)身上。

随着成长,孩子在不同的发展阶段需要依附对象提供不同的协助。从孩子的发展来看,这些协助大致上可以分成两个层面:

第一个层面(依附关系确认期)

孩子在六个月后,会开始出现"害怕、紧张"等"恐惧情绪"，此时就需要依附对象来协助调节。

第二个层面（依附关系发展期）

在一岁半之后，随着动作能力的提高，孩子探索环境的能力会越来越强。而在探索环境过程中遇到会带给孩子压力、紧张情绪的刺激源时，就不只需要依附对象存在，还需要依附对象协助孩子缓解及调节紧张的情绪。

不管是哪一种层面，靠的都是依附联结所带来的"适应感及安全感"，并只有在主要照顾者持续提供依附联结时，孩子才能安心地探索环境、安全地长大。

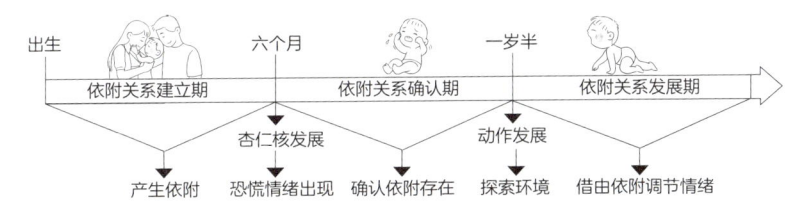

出生	六个月	一岁半	
依附关系建立期	依附关系确认期	依附关系发展期	
	杏仁核发展	动作发展	
产生依附	恐慌情绪出现　确认依附存在	探索环境　借由依附调节情绪	

依附关系确认期：六个月到一岁半

在孩子六个月大时，他的大脑会发生许多变化，而其中一项变化就是"杏仁核"（Amygdala）开始急剧发展了！并且随着杏仁核的发展，其"警报器"的功能就会开始发挥作用。

为何称杏仁核为警报器呢?这是因为当环境中出现与"危险"有关的刺激时,影像一经视觉系统传入到杏仁核,这个小小的脑区就会活化,警醒我们,让我们可以启动后续的"战斗"或"逃跑"的行动——要么避开危险,要么奋力一搏,以增加生存的机会。

而杏仁核警报器功能的发展,不仅带来恐惧的情绪,也造成孩子行为上明显的变化。

孩子开始会"怕"了!

开始会怕"失去让自己感到舒适的依附感",因此会在依附对象离开时,开始哭闹,并希望借此吸引主要照顾者回来;孩子还有可能会害怕看见"不熟悉"的人,因此在陌生人靠近他时,会产生焦虑与恐惧情绪。

上述这两种表现,也就是我们常听到的"分离焦虑"与"陌生人焦虑"。比如妈妈复职第一天去上班时孩子声嘶力竭地哭喊。

值得注意的是,不管是哪种情况,只要孩子的杏仁核活化了,产生恐惧情绪了,**孩子就需要"依附对象"出现及并安抚,来停止杏仁核的活化,他无法像大人一样自己**

缓解情绪。

"依附对象离开"→"焦虑情绪出现"→"大哭吸引照顾者回来"→"照顾者出现"→"焦虑情绪缓解",这样的循环就好像不断确认依附对象的存在般,在一岁半之前反复发生。

但如果在这个过程中,没有主要照顾者或所谓的依附对象呢?此时杏仁核就会持续活化,孩子的恐惧反应也会延续较久。而杏仁核也会在一次又一次的恐惧情绪当中,出现更加强烈的反应,以诱发较长时间的恐惧情绪。

你也许会好奇,为何此时杏仁核的反应会跟与依附对象存不存在链接有关呢?依附对象不存在而使婴儿杏仁核诱发的恐惧反应居高不下时,会发生什么呢?这个问题,就和下个阶段我们将要提到的依附需求有关了。

依附关系发展期:一岁半至十岁

当孩子的动作发展经历了"六翻身七坐八爬一岁站"而越来越成熟后,孩子就开始了在这个世界活蹦乱跳的探索。

这个世界对孩子们来说充满了新的刺激,但他们对什么样的刺激需要"警觉",对什么样的刺激可以被归类为"安全信号"缺乏经验。

前一阶段"依附关系存在与否"对杏仁核的影响，就会在此时发挥作用，确保宝宝们生存的最大可能性。让我们试想以下三种不同的场景。

场景（一）

每次当我哭闹时，依附对象就会出现，那我的杏仁核就不需要每次都剧烈活化，在恐惧反应被调节的情况下，我也可以安心地探索世界。因为我知道，依附对象随时都能保护我。

①杏仁核活化：恐惧情绪出现
爸爸妈妈不见了？

②杏仁核活化下降：依附对象调节

③杏仁核停止活化：继续探索环境
我要再去玩。

场景（二）

即使我哭很久，主要照顾者都对我不理不睬，或过很久才来安慰我，那我的杏仁核就会活化得比较剧烈，并诱发较长时间的恐惧反应。且既然没有主要照顾者可以保护我，那我也该少探索，免得遇到危险。

①杏仁核活化：恐惧情绪出现
爸爸妈妈不见了？

②无依附对象协助调节

③杏仁核继续活化：停止探索环境
环境不安全！

在上述的确认过程中，当"依附对象存在"时，孩子可以安心地探索；而依附对象不在或依附对象对婴儿的求助反应不及时，孩子就会警觉多一些，探索少一些。

除此之外，依附对象还有另一项很重要的功能，就是在上述的过程中，协助孩子判断引发他们焦虑的刺激源到底需不需要紧张，以及如何缓解这样的紧张情绪。

情景（一）

孩子紧张地跑来找照顾者，照顾者看到状况"不危险"便安慰孩子，直到孩子的情绪缓解，孩子就会知道下次遇到同样情况时不需要这么紧张。

情景（二）

照顾者在安慰孩子后，教孩子如何应对这样的危险，如此，孩子就会逐渐学习到"我下次可以如何对抗这些危险"。

情景（三）

孩子真的碰到很大的危险时，他就会看到主要照顾者也表露出非常紧张的情绪，这样，孩子就会记得下次遇到这样的危险需要逃开。

如此，孩子就可以一边安心地探索环境，一边学习将环境中的刺激"编码"：哪些是安全的，哪些是危险的，而哪些危险自己可以用某些方法应对，并**逐渐在过程中学到"如果没有依附对象，自己该如何面对压力与缓解自己的情绪"**。

说到这里，你有可能会好奇，那要到几岁，孩子的情绪才不需要依附对象协助缓解呢？

从大脑的成熟度来看，约在十岁左右，前额叶与杏仁核才会建立成熟的联结，并在前额叶协助调节杏仁核的反应下，逐渐减少依附对象的协助次数。

而如此的反应模式,就好像在十岁之前,让尚未成熟的前额叶"记录"父母的反应一样,并得以"学习"判断是否该紧张,以及"学习"如何缓解紧张的情绪。如此,我们才能在长大成人后,靠着"记录"完成前额叶的发育来调节自己的情绪。

如此看来,孩子十岁前的"情绪调节器"就是与其建立依附关系的主要照顾者;直到长大成人后,"情绪调节器"才是自己的前额叶。

但如果孩子在这个过程中不幸地缺少了依附对象的协助,而使得恐惧的情绪无法排解,除了杏仁核无法解除警报之外,前额叶调控杏仁核的功能还会被迫提早成熟,以应付高压的环境。

这种被迫提早成熟的反应模式,就孩童时期而言是有利的,因为孩子判断事物是否有危险的概率会因为恐惧反应的出现而增高,从而让孩子们在很多危险真正发生前就先逃开。

但如果这样的反应模式一直持续下去,因为随时随地都处在草木皆兵的情绪中,孩子的注意力系统会更倾向于侦测危险,大脑中杏仁核的反应也相较其他人来得强烈。

持续过激的压力反应,也会导致将来出现焦虑、重度抑郁、创伤后应激障碍，染上酒瘾的可能性也比其他人高。

主要照顾者该如何响应孩子的依附需求？

孩子在面对压力时，会一次次学习调节方法，因此，即使是在父母（依附对象）"存在"的情况下，不同的教养形态及主要照顾者对孩子的反应模式，也会对孩子造成不同的影响。

比如面对孩子因为"同一件事"而出现的负面情绪，家长每次都表现出不一样的反应行为，孩子就有可能会无所适从，不知道该如何面对压力情境。

> "今天有下棋比赛，我因为怕输给对手，所以很紧张。爸爸妈妈安慰我，告诉我输了也不会骂我。"

——这教会我可以告诉自己，即使输了也不用担心被责备，所以不需要过于紧张。

> "今天有下棋比赛，我因为怕输给对手，所以很

紧张。爸爸妈妈骂我胆小鬼，告诉我要勇敢一点。"

——这教会我紧张是不应该存在的，是可耻的。

一下子不用紧张，一下子又让我觉得紧张是可耻的，那我到底该怎么面对自己的紧张呢？

此外，第二种情况中常出现的"这有什么好紧张的""可以勇敢一点吗"等反应，无疑对孩子施加了双重压力。

第一层压力，是孩子原本要面对的压力事件；第二层压力，则是孩子的情绪无法被主要照顾者调节，因此情绪高度紧张而产生的。

在这样的教养模式下，**孩子除了学习不到如何面对压力，也会在压力事件发生时，激发更强烈的"战斗／逃跑"反应。**

因此，让"依附关系"没办法发挥作用的常见因素，就来自**"不一致的响应"，以及"无法同理孩子的情绪需求"**这两种情况。

前者让孩子无法清楚了解压力源，因此也就无法学会用一致的策略来调节自己的情绪；后者则因为照顾者无法发挥依附角色的功能来协助调节情绪，使得孩子在情绪无法缓解时，**更容易被诱发出过激的情绪反应。**

而这也是我想提醒大家的地方：多数家长最容易犯的错误**就是想到"依附关系"时，只想到孩子出现"分离焦虑"**

的阶段，认为孩子只要过了害怕与主要照顾者分离的阶段，依附关系的影响就会相对减少，或只要"顾好"分离焦虑的阶段，就不需要再烦恼依附关系的建立。

但事实上，依附关系建立后，我们仍持续影响着孩子，且因为建立了如此独特的"联结"，孩子的情绪状态、调节情绪的能力，都在与照顾者的互动中被塑形着，一点一滴，直到孩子足够强大，能够独立面对这个世界。

这就好像玩电子游戏，我们一开始带着"全满"的血量进入新手村，但在打怪物的过程中，因为被攻击血量不断地损耗。

面对不断损耗的血量，你的第一反应当然是赶快找到补血站补充血液，这样才不会 Game over。但这时若找不到补血站，你就会越玩越焦虑，并在压力剧增的情况下逐渐萌生放弃继续玩这款游戏的念头。

但如果每次血量减少时，你都知道去哪里补血，并在补满血的状态下继续在游戏世界里冒险，你就会更有安全感，更愿意去挑战难打的怪物，直到游戏通关。

父母与孩子的关系也是如此。孩子在外面遇到压力了，如果父母可以充当孩子的补血站，那么孩子当然会愿意再次挑战，更愿意去面对在这个世界遇到的困难。

这层影响不仅仅存在于父母与孩子的关系里，更会影响孩子看待世界的方式："我知道世界是安全的。因此，即使我受了伤，我也愿意信任这个世界并继续努力。"

而这也将我们又带回这一章的开篇讨论过的问题——孩子为什么需要父母？你的回答可能是：孩子无法养活自己，孩子需要被照料，孩子需要规范管教，等等。

这些回答没有对错，但这些是除主要照顾者之外的其他大人也可以做得到的，不是吗？

而依附关系，是只有主要照顾者可以提供、为与孩子建立联结留下的最柔软的部分。若连主要照顾者都忽略了孩子的依附需求，那又有谁可以做到这件事呢？

总而言之，响应孩子的依附需求，其实没那么抽象。

具体的执行方式可以从"帮助孩子调节情绪"开始，而帮助孩子调节情绪的第一步，就是"同理孩子的情绪"。

练习 2
响应孩子的依附需求，分开处理"情绪"与"行为"

建议年龄：零岁↑可

看到"同理孩子的情绪"，你也许会想，"同理情绪"不会让孩子变得更加依赖家长吗？还会让孩子学会可以用发泄情绪的方式来索取想要的东西，甚至让家长发展成溺爱孩子。

但溺爱孩子与同理情绪，是截然不同的两件事。

我们可以先同理孩子的情绪，再处理孩子的行为问题。**只要不是处处顺着孩子的行为，就不会发生过度溺爱的情况。**

因此，不管是何种冲突或问题，最重要的是，孩子是依赖与我们的依附联结来调节情绪的。

孩子会因为我们同理他的情绪，知道我们是站在他那边的而信任我们，并在信任的前提下做出改变。

所以，以下练习就是要带着大家试着将孩子的状况拆成"情绪"与"行为"两部分来看。

参考P29图片，想想你最近一次与孩子发生了什么样的冲突，并在P30的表格中完成练习吧！

1 情境：孩子跟同学玩游戏输了，开始大哭，还把游戏道具扔到地上

> 我最讨厌你了，再也不跟你玩了！

散落一地的卡片

2 分析：将此情境中孩子的情绪与行为分开讨论

情绪：
因为游戏输了而难过

行为：
1. 说同学很讨厌
2. 将游戏道具扔到地上

3 处理：同理情绪，讨论行为问题和解决方法

> 游戏输了感觉难过很正常！我要是输了也会觉得很难过。

> 但把游戏道具扔到地上，还说同学很讨厌，他们也会很难过。我们应该怎么办呢？

练习的方式很简单，写下你与孩子最近一次的冲突，并试着将孩子在这次冲突中的情绪与行为拆分，这样就可以了！

情境（最近一次冲突）		

分析	情绪	行为
处理	同理情绪：	讨论问题： 解决方式：

第二章
自我发展需求

认识自己,收获自我动力与自我价值

2-1 自我概念介绍：我为什么是"我"？

我是如何成为"我"的？

> 我是如何成为"我"的呢？

童话故事《睡美人》里有这么一段剧情——小公主的生日宴会邀请大家来同乐，许多人纷纷献上祝福。

其中一位女巫献上的祝福是让公主拥有"善良"，紧接着公主收到的祝福是"聪明"，以及后续许多的"优点"，直到坏女巫的到来。

当然，这只是童话故事，我们不可能借由"祝福"就让孩子获得这些人格特质，也没有任何一种教养方法，可以"确保"及"肯定"孩子在什么样的教养方法下，会朝我们预期的特质前进。

此外，在孩子成长的过程中，除了**会受教养方式的影响外，先天气质也是一项很重要的因素。**

比如有些孩子先天感觉就比较敏感，因此也容易因为某些环境而受到惊吓。但这样的表现，也被许多家长解读为"胆小""容易害怕"，从而希望孩子更勇敢一点。

"你可以勇敢一点吗？不过是一辆车经过而已！"

"你可以大方一点吗？你是哥哥啊！少吃一块蛋糕又不会掉一块肉！"

"你可以淑女一点吗？女孩子不要这样跑来跑去！"

而处在这些"更勇敢""更大方""更有气质"的期待中，孩子就可以因此被赋予这些特质吗？当然没那么简单。这些期待不但可能没成为孩子"自我"的展现，反而成为孩子

"自我"的限制，变成孩子自我意识里的"应该"。

这些"应该"会导致什么事发生呢？会让孩子在"下一次"因为自己不够勇敢而感到焦虑；在"下一次"以自己是哥哥却不够大方为耻；在"下一次"因为自己不够矜持淑女而自责。

于是许多时候，**我们反而让孩子活成别人希望的样子。**

而或许，在引导孩子自我发展的过程中，我们都能打破让孩子陷入这种框架的循环，并帮助孩子在"自我"产生的时候，引导孩子了解自己。

究竟，"我"为什么比较胆小呢？"我"为什么现在不想与别人分享呢？"我"为什么现在想跑来跑去，而不是乖乖坐着呢？

在这个过程中所了解的"我"，才能让孩子知道该如何觉察自己的特点并做出调整，而不是将自己限制在框架里，导致最终被他人接纳的已经不是自己。

看到这里，你也许会想："了解自己谈何容易？就连大人都不一定做得到！"但就是因为了解自己没有想象中那么容易，而且非常重要，所以我们才更需要一起练习。

而就在与"自我概念"有关的大脑回路及认知展现中，

我们大致上可以将自我概念分成三大系统：

我是谁？

自我建构系统

建构"我"及"以我为中心了解的世界"。

我好不好？

自我评估系统

评估自己能不能做到，做得好不好，这跟自信心、自尊心、挫折忍受度有关。

我想要的是？

自我动机系统

因"喜欢、愉悦"而还想要，或者对某事物产生动机而主动追求。

在这三个系统互相交织、不断与环境碰撞的过程中，孩子的"我"才慢慢地成形，并不断地更新着"我"的展现，或者所做的决定。

而如果将"我"比喻成一辆列车的话，自我建构系统就是将一个个零件组装成列车的功臣；自我评估系统则是在列车运行的过程中，借着行驶的质量，乘客所给予的评价，在

评估系统接收并处理后得知这辆列车有哪些优点及缺点；自我动机系统就是这辆列车的燃料，让列车有动力、有能量而得以前行。

如果我们可以带着孩子去了解这些"我"运作的过程，那么或许我们就可以引导孩子在零件需要维修时，知道该如何修复；在了解优点及缺点的同时，知道该如何发挥自己的优势到达目的地；或在没有动力的时候，知道该怎样添加燃料。当然，真正的"我的形成"，一定比这个架构复杂得多，但大家不妨把这三个系统当作引导孩子发展"我"的开始。

因为，我们要的，不是永远牵着孩子，而是让他认识自己、成为"我"之后，学着如何面对自己的人生。

2-2 自我建构系统：我是谁？

不懂自己，所以也不知道自己可以做到什么事

莫莫从上小班开始接受治疗已有三年了，原本在精细及粗大动作发展上的落后，也在治疗后追上发展里程碑。

而能力上的进步，也让莫莫作为小学一年级新生的生活一切顺利，学校老师也时常称赞他是个乖孩子。但还有一件事一直困扰着莫莫妈妈。

"他真的很像一个机器人，收到一个指令才会做一个动作。是真的很乖啦！叫他做事他也都会去做，但每次问他他要做什么？他都说不知道。"

而为了确认问题的方向，我请莫莫做了一件事：画自画像。莫莫纠结了很久，还是告诉我他不知道要怎么画才好。

我鼓励莫莫一边摸着自己一边画，这方法似乎触动了莫莫的开关，于是他完成了他的作品：

"这是我的手。"莫莫指着我以为是耳朵的地方说。

"那你的脚呢？"

"在这里呀！"莫莫指着最下方的两条线说。

这幅画真的很难想象是小学一年级的孩子画出来的，可以明显分辨出来的地方只有头，手和脚还是直接长在头上的。

结果如我预期，莫莫其实不太了解自己，所以没办法在脑中想象出自己的形象，也没办法通过画画的方式投射出来。我跟妈妈分享了莫莫的画。

"咦！好像气球！"

"呃，对，有点像，他真的很认真地想要把自己画出来。但就像妈妈看到的结果，他没办法想象他自己长什么样，有什么身体部位，所以要他画自己时就会非常困难。"

妈妈的回应让我笑了出来。

其实我们对自己身体的想象，也会影响到我们的自我认知。也就是说，因为莫莫无法觉察自己，所以他无法想象自己可以做什么事。

虽然听起来很抽象，也跟我们直觉想象的不同，不过我们可以把莫莫现在的状况理解成"因为他不知道自己有手，所以也想不到自己可以用手来做什么事"。

"他怎么会不知道自己有手？"

"我猜可能是之前发展迟缓状况的影响，所以导致他对自己的身体其实还没有那么了解。"

我也跟妈妈分享了一些练习方法，比如每天看着镜子试着画出自己，画完之后再请他确认漏掉了哪个地方；或者拍下他做出不同动作的照片,让他试着一边看照片一边画出自己;或请他一边看着镜子里的自己做出各种表情,一边描绘自己的眉毛、眼睛、嘴巴正在做什么动作。

两个月后,我又请莫莫画了一次他自己。

"老师,真的很神奇!现在都不需要我提醒,莫莫开始知道自己要做什么了!"

这是莫莫妈妈的原话。

图片中莫莫的形象,虽然还不是很成熟,但那些长出来的手和脚,就是莫莫对自己更加了解的表现。

而对自己可以做什么事的想法,果然在能够想象自己之后,慢慢地出现了。

如何带着孩子认识自己？

看到这一节的标题，你可能会想说："又来一个无解的难题了！孩子还小，可能连自己的名字都不会写，跟他说要认识自己，这不是对牛弹琴吗？"

而且不要说孩子了，很多大人对于"我是谁""我从何而来"都非常茫然，更何况是带着孩子去了解"自己"呢。

孩子真的能够认识自己吗？非得认识自己吗？

事实上，我们在人生当中所遇到的疑惑与冲突，有许多原因就来自于我们不够了解自己，而且不要说不了解自己，就连"察觉自己"的习惯也没有养成。

于是，我们可能就只会看到问题本身，抱怨这些问题为何会发生在我们身上，却忘了从自己身上找答案。没意识到"自己"也是人生必须面对的课题之一。

认识自己与"具身认知"（Embodied Cognition）

大约从三个月大左右，孩子就从原本多为反射动作的状态，慢慢地学会如何"自主地"控制肢体去感知这个世界。

比如孩子会学到，原来我的手，不仅仅是放入嘴巴时感受到的"我"的一部分。这个身体部位，每当我出力时，好像还可以推动我看到的东西！

在不断地用手去感知这个世界时，我也发现，每样东西都有不同的触感，有些扎扎的，有些则摸起来柔软；在我每次都要用不同的力道才能推动东西时，我也发现，原来每个东西的重量都不一样！

如此的过程，就是利用手与环境的互动，来建立"不同物品的触感分类""重量"等认知概念。

不仅如此，由于身体各个部位可以做的动作或提供的讯息不一样，因此就会有不同的探索方式，也因此能够提供不同形式的认知形态。

比如知道用脚走路时需要多少步，我们就能估算目的地距离我的远近；又比如我以眼睛看得到的地方作为前面，看不到的地方作为后面，右手伸出去碰到的地方当作右边等作为"空间认知"的方式。

最重要的是，这些从自己的身体出发来对这个世界进行探索的方式，就是让孩子了解自己身体的开始。这种方式利用"自己的身体"去建构对这个世界的认知，并形成对这个世界的想象，以及建立对自己的自我认知。

除此之外，以"自身的身体"为基础建构在这个世界

"认知"形态的方式，也让我们的"认知思考"与"身体"产生许多密不可分且互相影响的关系。

比如说，小时候觉得很远的地方，在我们长高后再走一次的时候，才发现没有我们之前想象的那么远，即由我们身体的改变（身体长高、脚变长）来更新我们认知形态（对距离远近的判断）的例子。

而"心智思考"与"身体"相互影响，不仅是认知心理学的一门学科——"具身认知"所探讨的事，也是临床中常见的影响孩子的因素。

譬如对自己的"身体"掌控感较差的孩子，就容易因此觉得"失控"，且对情绪的控制能力较低，因无法获得控制感而造成自信心较弱，较容易出现攻击行为（想借此控制环境，获得控制感）等。

总体而言，我们的心智思考历程会与身体互相沟通而彼此影响，因此想要"认识自己"，可以从"感知身体的动作""察觉身体的感受"开始。

这些"对自己身体"的了解，就会反应在认知思考上，最终建立"对自己的认知"。

以下即就"感知身体的动作——察觉内源性感觉刺激"及"察觉身体的感受——辨识情绪"两大部分来做介绍。

1.引导孩子察觉"内源性"的感觉刺激

就感觉来源的不同,大致上可以区分成"外源性"感觉及"内源性"感觉两种。

所谓的"外源性"感觉,就是接收到的感觉是从"环境中"(外在)得到的,比如"视觉""听觉""触觉"等;而另一来源,则是觉察自身身体状态(内在)的"内源性"感觉,比如"本体觉"及"前庭觉"。

"本体觉"及"前庭觉"是什么?简单来说,前者帮助我们察觉自己的肢体正在做什么动作;后者则帮助我们察觉"头部"的位置。

想象一下,当我们把眼睛遮起来的时候,还可以知道我们的手在哪里;或者在不看键盘的情况下,还可以知道我们的手指头打在什么位置,这靠的就是"本体觉"的帮助。

由于"前庭觉"能帮助我们察觉头部与其他身体部位的相对位置,因此就与"维持平衡"有关系。

知道这两种感觉后,我们又可以从哪些活动中练习这两种感觉系统呢?以下列出各个年龄可以做到的活动任务,让各位爸爸妈妈当作参考!

而在过程中,最重要的是需要**引导孩子去注意这些来自**

自己身体的感觉讯号！ 比如在攀爬时，提醒孩子可以去感觉自己的手跟脚在什么位置，或在单脚站立时提醒孩子，感觉自己是否在晃动、往哪边倒等。

最后也想提醒大家，虽然下面建议的活动有相对应的年龄，但如果孩子到了一定年龄，仍无法做到这些事情，并不代表孩子就有发育迟缓的状况。

多陪孩子练习，在过程中陪孩子去觉察、修正自己的动作，就能达到练习效果！

年纪	本体觉活动	前庭觉活动	说明
八个月	爬行、匍匐前进		爬行时，因为看不见自己的手跟脚，因此会需要本体觉的帮助。而在过程中，需要维持头部向上抬起，因此也能提供前庭觉反馈
一岁半至三岁	移行活动（姿势、位置上的改变，比如坐姿到站姿，或是各种移动）		在两岁前，可以多借由"移行"上的练习来有效利用本体觉，以及刺激前庭觉的发展。 移行活动的选择包含练习倒退走、拿起地上的玩具再站起来、爬楼梯等。 只要是在安全、孩子愿意尝试的情况下，都可以试试看

续表

年纪	本体觉活动	前庭觉活动	说明
三岁至四岁	抛接球及踢球生活自理	走平衡木、单脚站	在抛接球的过程中，由于孩子时常需要协调自己的手和脚，才能接到或踢到球，因此是不错的本体觉练习。 许多生活自理的活动，其实也是练习本体觉的好机会。比如穿衣服的过程，就会因为动作的原因没法看到自己的手，非常适合用来引导孩子察觉自己的手脚在做什么动作。 当孩子移行能力越来越好时，也可以利用单脚站、走平衡木等方式，有效刺激前庭觉
五岁以上	学跳绳、跟着大人跳韵律操	骑自行车	跳绳及骑自行车是这个年龄练习本体觉或前庭觉的好方法！不过学会是一回事，在过程中提醒孩子去注意自己的手、脚或正在做的动作，才是练习的重点
六岁以上	玩攀爬架、游泳、进阶的球类运动（如足球、羽毛球等）	蒙眼单脚站	可以试着让孩子利用本体觉或前庭觉来参与更多高阶、整合性的练习活动

2.鼓励孩子用对自身身体状态的觉察来辨识情绪

孩子还不会讲话时，就会利用肢体、表情或声音来表达情绪。因此我们也可以借由观察孩子的情绪反应来猜测他们的需求。

而值得注意的是，孩子的这些情绪表现，**是无意识、且经由特定事件引发的。**

这些经过特定事件所引发的情绪，会表现在身体产生的不同状态上，在经过认知处理后，这些对不同身体状态的解读，才是我们最后察觉到并讲出来的情绪感受。

我们在情绪引导的过程中，常常漏掉的一点就是，**没有先帮助孩子去察觉自己的身体反应，而是直接"告诉"他们，自己现在是什么情绪。**

当我们以这样的方式引导孩子时，一开始可能不会出现太大问题，但当孩子越长越大、遇到的事件越变越复杂时，就容易遇到"情绪产生了，但因为当下没有处理或察觉而导致情绪不断地在延宕，直到最后想厘清情绪原因，却早已不知道情绪是为何而来，也无从得知该如何处理"的状况。

因此，当孩子可以表达及处理情绪词汇时（约两岁至两岁半），就可以借由描述他们的身体状态，来帮孩子察觉和定义他处在什么情绪中。

而孩子越能实时察觉自己的身体状态,也就越能实时发现自己的情绪是在什么事件后被引发,情绪的厘清也会越明确。

以下列出的基础情绪中,是我们身体常有的反应状态,请大家参考。

特定情境 (事件)	情绪反应 (身体状态)	感受 (认知处理)
被满足(得到想要的人、事、物)	表情:微笑 动作:双手摇摆,发出笑声	开心
事情跟原本预期的不一样	表情:皱眉,撇嘴 动作:握拳,发出威胁的声音,跺脚	生气
失去想要的东西	表情:流泪,嘟嘴 动作:寻求慰藉(如摩擦自己或别人)	难过
出现让我"不舒服"的人、事、物	表情:嫌恶的表情(皱眉,嘴往一边撇) 动作:想逃走	讨厌
出现无法预期的人、事、物	表情:面无表情(无机)或眼睛睁大、嘴巴张开 动作:发抖,心跳加快	紧张

引导的时机,大家可以选在帮助孩子辨识情绪时就将对身体状态的察觉纳入——"你想要抱抱对不对?你一定很难

过。"或是在协助厘清情绪原因的时候——"你刚刚生气的时候想做什么？或感觉自己怎么了吗？"

不管用什么方式，只要孩子能察觉到自己身体状态的变化，他就更能在情绪出现时，发现和知道自己是因为什么事件而出现情绪的。

练习 3　画"自画像"

建议年龄：四岁↑可

和孩子玩个游戏吧！画一幅"自画像"，不仅可以让孩子认识自己，还可以看出孩子对自己了解多少。

不过大家要记得，画自画像的目的，并不是要画得多传神，而是看看孩子对自己身体的想象及认识。

而不管是在哪个年龄段，或孩子画得如何，建议家长在孩子作画时先不要过度介入。

比如有些家长会急着提醒孩子这个没画到，那个不够正确等，如此过度介入，反而会让孩子领会不了自我察觉。

在孩子画完之后，家长可以先肯定孩子任务的完成："你完成自画像了呀！很棒！"然后再追问："那你还想在这幅画上加什么吗？"如此就能避免给予过度的评价，并带着孩子从自我察觉中发现对自己更多的想象及投射。

此时，你也会发现，孩子想象自己身体的自我察觉力的增强，通常伴随的是粗大或精细动作能力的提升！

以下即列出不同年纪的孩子自画像的特征，以及引导的方式。

四岁

图画分析：可能会以简单的几何图形画出脸、眼、口，不一定会有躯干或四肢，而通常会先有脚、手，再有躯干。

引导：可以通过认识简单几何图形，教孩子人体的组成。

比如头是圆形、身体是长方形、手臂是长长的线等，让孩子初步掌握对自己身体的空间安排及想象。此阶段的引导也可以着重在"命名"身体的各部位。

五岁

图画分析：通常可以简单地画出一个完整的人体（包括五官、四肢和躯干），但多为火柴人（四肢以一条线表示），或小叮当人（手部是小圆圈）。

引导：此时的引导可以着重在各部位的分化，比如头与身体的连结处会有脖子，手能细分出手臂和手指，脚会有脚掌、脚趾，等等。可以让孩子触摸自己的身体部位，或利用照镜子、拍照等方式进行练习。

六至七岁

图画分析：画出的人体大多分化得较为明显，如有明确的手掌与手臂的交接、五根手指的展现、眼睛的轮廓与眼球等；并可能会加上不同的装饰，比如头上有发带，脚上有鞋子，等等。

引导：此时可以把重点放在人物表情上，比如不同的心情如何用不同的五官组合搭配，也可以让孩子照镜子，做出不同的表情来练习画表情。

此外，此时一定要让孩子学会画出彼此独立、分化成熟的手指。引导的方式可以是看着自己的手，或让孩子用描画的方式（一只手放在纸上，另一只手在上面描）画出手来。

准备好……　　　　　　　　　就可以开始……

自己的手　　　纸、笔　　　沿着自己的手描绘

我也想借着此章来提醒大家，虽然了解及认识自己会是

我们一生的课题，但要做到认识自己，的确也没想象中那么抽象与困难，我们可以从带着孩子察觉自己的身体、自己的动作和自己的感受开始。

而察觉自己或认识自己，虽然不能帮助你改变人生中已经发生过的事，也无法避免"认知"与"身体"之间互相影响，却能让你在自我察觉时，将面对自己当作成长的课题，以迎接接下来可以掌握的自己，并在学着认识自己的情况下，真的了解"我"所建构的世界，学会与自己相处，并在自己身上找到解决冲突的答案。

2-3 自我评估系统：我好不好？

我的孩子怎么这么没自信？！

> 自信一点好吗！我们都练习那么多次了！

> 菁菁你快说话啊！

台上站着的，是幼儿园毕业生致辞代表菁菁。她的手指不停地卷着自己的衣服，却还是一句话也说不出来。

台下妈妈大声催促，爸爸的脸色凝重，外公因看不下去而离席，这都让菁菁心跳越来越快，大脑一片空白。于是菁菁开始崩溃大哭，幼儿园老师眼见越来越失控，赶紧将菁菁带下台，同时安抚家人们的情绪。

虽然这次事件随着典礼结束而结束了，但妈妈的羞愧、爸爸的沉默、外公的生气，却让菁菁开始不自信。

菁菁开始拒绝任何上台的机会，甚至连大人问话都开始变得畏畏缩缩。妈妈事后也承认自己做错了，她向菁菁道歉，说那天不应该逼她在台上讲话，使她这么紧张，但她的自信就像再也唤不回来一样，连画个画或唱个歌都要躲起来做。

菁菁妈妈在辗转得知诊所的信息后，带着菁菁来寻求帮助。

评估开始时，我请菁菁先做几个动作，但菁菁一动也不动地看着我。骨碌碌的大眼，双手握拳的姿势，紧咬着下嘴唇的动作，都说明菁菁当时很紧张，紧张到离她有一段距离的我似乎都可以听见她的心跳声。

我一面鼓励着她，一面观察妈妈的反应，眼看妈妈似乎要变脸了，我连忙拿出另外一组非常简单的图形配对积木请菁菁试试看。

说也奇怪，菁菁一看到积木，竟然开始行动了，而她也很快地就把积木配对完成,然后说出她进评估室之后的第一句话:"我完成了。"

> "你真的很棒啊!不仅自己配对成功,而且还是我看过的最快完成配对的孩子!"

我鼓励着她,评估也从这里开始顺利,不仅一开始要求的动作她开始愿意做了,后来甚至越来越眉开眼笑,活脱脱就是另一个孩子。

评估结束后,菁菁妈妈跟我说,她其实也带菁菁到其他的地方评估过,但孩子从没像刚刚那样愿意表现。

而我跟妈妈讲解,菁菁因为无法肯定自己可以做成什么事,因此在不确定可不可以达到大人的要求时,或她觉得有可能会犯错时,就会怕在别人面前表现。所以当我将任务变简单后,菁菁也觉得有把握完成,就愿意试试看了。

> "先让孩子做一件有把握的事,孩子才会因为知道自己是有能力的而愿意完成。而大人也要帮助孩子看到她已经完成的事,这样她才能开始肯定自己的能力!"

自信心是什么？

我发现每次只要一聊到"自信"，许多家长就会开始担心孩子的表现不够自信。然而等我再更深入询问时，却发现家长描述的样子跟自信没有太大的关系，更不用说区分大家常搞混的"自信心""自尊心""挫折忍受度"等心理状态了。

因此，在开始介绍前，我想请大家先看看以下的行为描述，勾选你认为"有自信"的表现。

哪些行为是"有自信"的表现？

☐ 拍照的时候不扭捏，很愿意在镜头前摆姿势

☐ 游戏输了也不会生气或大哭，愿意继续尝试

☐ 做错事不会逃避，勇于承认自己的错误

☐ 在课堂上踊跃举手发言

☐ 面对要上台的场合不会退缩（比如上台表演、上台自我介绍等）

☐ 遇到大人询问事情，不会扭扭捏捏，都能有所回应

☐ 不怕与其他人玩竞争或比赛类的游戏

☐ 喜欢做示范，或会主动争取当老师的小帮手

□当被鼓励加入游戏群体时,不需要太多协助,很快就可以融入群体或交到新朋友

□认为自己很棒,事情都做得很好

在这些行为表现里,大家勾选了哪些呢?

好了,我要公布答案了——

答案是:"都不是!"

什么?!你一定想说,是在耍我们吗?既然都不是,为什么还要叫我们勾选呢?而且,有一些行为描述,的确跟大家普遍认为的自信有关呀!

没错,有些行为描述确实是跟自信有关系。但之所以请大家先勾选,再与大家强调这些项目都不符合有自信的表现,其原因就在于,许多家长觉得只要让孩子做到上述的行为,孩子就是有自信的!

"你可以别再躲镜头了吗?可以自信一点吗?"

"你可以自己上台吗?我们都练习那么久了,自信一点好吗?"

"不要还没结束就怕自己输好不好?你怎么这么没自信?"

但事实是，即使孩子上台了、输了也不哭、拍照也很大方，他还是有可能对自己没信心；而逼孩子"做到上面的行为"，也绝对"不会"是建立自信的方法！甚至，孩子还会因为做不到而更沮丧，因为无法达到"你们认为的自信"而焦虑。

因此，培养自信心的第一步，就是时时刻刻提醒自己，不要用达到上述行为的方式，来绑架孩子的自信心。

那么，回到正题：该如何看待自信心？事实上，要了解自信心，就要从大脑里与自信心等状态有关的系统——"自我评估系统"开始讨论。

自我评估系统会做什么事呢？它们会特定地在与"自我"相关的讯息出现时活化，并收集与"自我"相关的讯息的价值。

而对与"自我"相关的讯息价值的判断，则依赖以下的两种来源——"社会回馈"与"预期与结果的落差"。

社会回馈

当与"我"有关的部分出现时，孩子就会开始察觉这些部分对别人造成的影响。而当别人开始给出社会或情绪回馈时，孩子就会因为别人的情绪、语言或行为回馈，而把此时与"我"有关的讯息与"好"或"坏"的价值做链接。

比如：

我唱歌 → 大家都很开心（社会回馈）

此时，我就会觉得"我唱歌"这件事情是好的，是正向的。

我偷吃糖果 → 大人生气地批评我（社会回馈）

"我偷吃"的这个行为，就会被大脑建立在负向的基准值上，而孩子会产生"我不好"等羞愧感受。

孩子就在不断地接收到这些情绪与社会回馈的过程中，开始建立起与"自我"相关部分的评价。此时，我们可以说孩子"自我评估系统"的运作，**虽然说的是"自我"评估，但其实并不是靠自我判定，而是靠着外在给的回馈，当作自我好坏的标准。**

这样的评估方式大概从两岁左右开始出现，并在发展过程中，不断地影响着孩子对自我的评价。

此时要注意的是，两岁的孩子各项能力都还不是很成熟，

所以此时根据别人给的评价来判断自己是好是坏的评估方式，对孩子的影响非常大。

而这也是成人与孩子不同的地方，成人因为有多角度看待一件事的能力，因此即使接收到别人的回馈，虽然或多或少会影响我们对自己的看法，但只会形成"参考"；孩子就不一样了，他们可能会因为一项负面的社会评价，就觉得自己不好，或很糟糕。

因此，当孩子开始在意别人的评价时，我们就该注意，不要因为阻止孩子的行为，而让他们觉得"自己"不好。

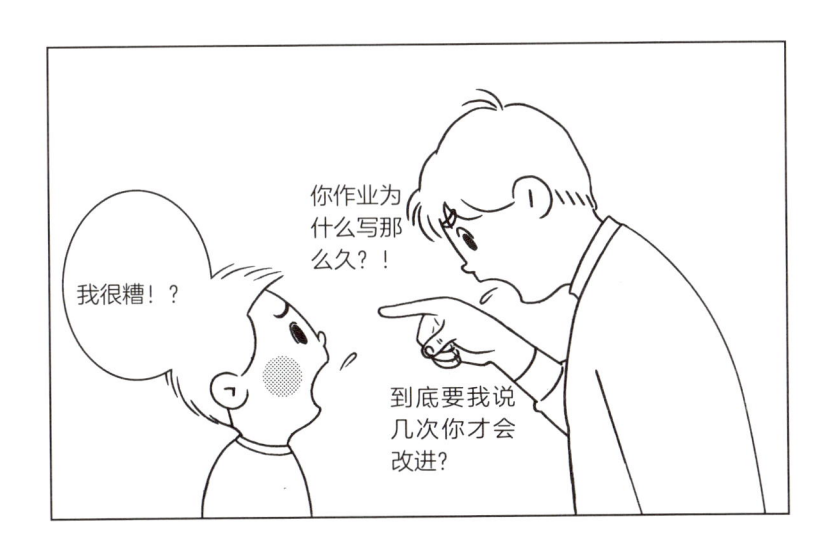

约束行为带来的羞愧或自我怀疑

孩子会因为"被阻止"而觉得自己不好?怎么说呢?两岁的孩子正是开始变身"小恶魔"的年纪,除了自我意识开始变得强烈之外(不想听大人的,只想做自己的),活动量也开始变大,因此很容易做出一些危险的举动,比如爬高、拿危险物品、自己乱跑等。

孩子此时的行动虽然没有很大的危险性,但也需要制止或限制,例如在餐厅乱跑或大叫等。此时我们最常做的事情就是阻止孩子,并告知:"你不能……!"这时我们或许伴随着生气的情绪,严重一点的,甚至会出现骂孩子的举动——"坏坏!要打打!"

虽然我们阻止孩子的动机,是因为他做出需要约束的行为,但如果用上述的方式来告知孩子,孩子就有可能会觉得自己很不好,而出现较低的自我评价,甚至因此羞愧或自我怀疑。

看到这里,你有可能会说:"对呀!我们不就是要让孩子知道做这些事应该羞愧,所以不该做吗?"但就像前面说的,**孩子此时对自我的评价,就会受到单一角度思考的影响,**而觉得自己"全部"都是糟糕的,都是不好的!

此外，引发"羞愧"情绪会发生什么事呢？大家可以想想我们被老板骂的时候，当时的我们，有没有想找地洞钻进去的想法，有没有回到位置上跟同事讲老板坏话的现象呢？

没错，当我们羞愧时，就容易诱发两种行为对策——**要么"逃跑"，要么"反击"**。因此才有我们骂完孩子后，他们不但没有想要改正行为，反而出现生气大叫等情绪反应。而不管是出现哪一种对策，都没有办法发挥"修正自己行为"的作用。

为了避免孩子自我怀疑或产生羞愧，许多儿童发展专家会呼吁家长："尽量不要阻止孩子行动。"

但家长们也一定想要吐槽："这些发展专家一定没带过孩子！怎么可能不阻止孩子！你们知道孩子的行为要多失控就有多失控吗？"

是的，因为每天与孩子相处，所以我们知道孩子有多失控！既然如此，要如何做到既不影响孩子的自我评价，又可以让他们知道自己的行为该有所修正呢？

利用"罪恶感"建立道德基础

"罪恶感"与羞愧感不一样，这个情绪不是因为觉得自己不好而产生的，**而是在自己的行为"打破规则／规范"而**

"影响到别人"时出现的。

当我们对自己的行为产生罪恶感时,我们就会开始修正自己的行为,或试图弥补自己对别人的影响。

比如对大多数学生而言,"准时上学"是一条规则,而当不小心迟到,导致原本我负责的扫地区域要同学帮忙时,我就会因为罪恶感提醒自己要早起,不要再迟到了。

因此当我们在规范孩子的行为时,**如果能有效利用"规则"以及"行为影响到他人"这两点来做提醒**,就能让孩子避开羞愧或自我怀疑。

利用"规则建立"以及"破坏规则会影响到别人"修正行为

怕孩子摔碎玻璃杯而有危险时:

基于规则:"我们说好了,玻璃杯要怎么拿?对!要用两只手拿。"

基于影响他人:"如果玻璃杯摔碎了,有人不小心踩到了就会流血疼痛。我帮你把玻璃杯收起来好吗?"

怕孩子在走廊上奔跑摔跤时:

基于规则:"我们说好了,在房间里不能跑步。如果你想跑的话，我们一起去公园跑吧。"

基于影响他人："因为地方很小，在房间里跑来跑去会怎么样？会容易撞到别人。"

当孩子在餐厅里尖叫时：
基于规则："我们说好了，想要大叫的时候，要确定旁边没有其他人。"
基于影响他人："大叫的时候，旁边的叔叔阿姨会觉得不舒服，会影响到他们吃饭的心情。"

因此，我们不是不能阻止孩子的行为，而是要避免在阻止的过程中给予他"自己不好、自己很糟糕"的价值判定。当我们换一个方式跟孩子沟通时，就能告诉他："不是因为你不好才被阻止，而是因为有一些行为需要改正。"

值得提醒的是，虽然利用罪恶感建立道德基础的方式更不会影响孩子自我评价的发展，**但这不是特效药，需要时间累积。**

比如规则需要家长同理且一致地实行，不然孩子也总觉得有机可乘，规则就不会形成。

而"不影响他人"的提醒原则，**是"你的行为会影响到别人"，而不是"别人都在注意你"**。

"你看！别人都在笑你！你好丢脸！""你看，你一哭，大家都在看你。"这样的说法其实也是在羞辱孩子，有必要转换一下说法。

预期与结果的落差

随着联结"因"与"果"的认知能力发展成熟，三岁以后孩子会开始对自己的行为结果有所期待。

当他们在事情开始前就能够有所预期，就会借由结果与预期的落差，来判断在这个过程中的"我"是正向的还是负向的。

比如"我想扣纽扣"，因此我尝试用不同的方法扣扣子，但最后发现无法扣好，这时我就会觉得"我扣纽扣的能力很差"。

就在这样不断地预期与比较结果的过程中，孩子即发挥另一种自我评估的方式，来得知自己状态或能力的好坏。

值得注意的是，即使孩子出现了利用比较结果与预期的方式来评估自我的情况，前述的社会回馈的影响仍在。

比如孩子折了一只纸兔子，由于兔子的耳朵跟原本想的不太一样，所以孩子觉得自己折得很糟糕，但此时如果大人回馈："哇！你折的兔子好棒！你的手好巧！"孩子便有可能会修正对自己的评价："原来还不错！"

总结而言，当自我评估系统启动，开始收集与自我相关讯息的价值时，我们即利用上面这两种评估方式，得知自我"能力""表现""状态"等方面的好坏。

而在知道我们如何评估"自我"后，接下来，我们就来聊聊如何看待自信心、自尊心与挫折忍受度。

自信心、自尊心与挫折忍受度

评估前		评估后
我的这个部分好不好呢？ ? 某项自我特质	自我评估系统 = 社会回馈 + 预期与结果的落差	＋ 正向价值 － 负向价值

由前面的描述我们可以知道，自我评估系统由社会回馈和预期与结果的落差所组成。而一开始我们并不确定自我某

项特质的评价,经过自我评价系统处理后,才能判别这项特质到底属于正向价值抑还是负向价值。

自信心

所谓的自信心,指的就是自我评估系统的"偏差程度"。大家可以参考以下图解:

—— 过高自信心 ——

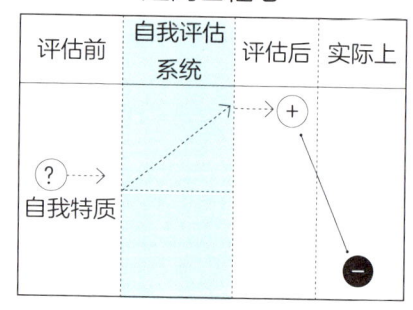

评估前	自我评估系统	评估后	实际上
？→ 自我特质		+	-

所谓的自信心过高,指的是自我评价系统总是出现过高的偏差:

明明没有能力做到这件事,但却觉得自己很厉害、很棒。
但实际上,完成这件事,仍需克服许多困难。

—— 适中自信心 ——

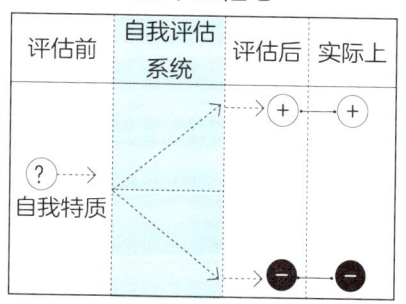

评估前	自我评估系统	评估后	实际上
？→ 自我特质		+	+
		-	-

所谓的自信心适中,指的是自我评价系统偏差不大:

在评估自己完成这项任务的能力时,知道自己有擅长的地方,也有不足的地方。
而评估出来的结果,也与真实情况相差不大。

―― 过低自信心 ――

评估前	自我评估系统	评估后	实际上

所谓的自信心过低，指的是自我评价系统总是出现过低的偏差：

明明是擅长的、有能力完成的，但却觉得自己做不到、无法完成得很好。

从上图中，我们可以看到影响自信心发展最主要的因素，就来自于自我评估系统建立的状况。

比如说，当社交回馈只有"你好棒"，而没有明确告知孩子是因为"你做了什么"或是因为"你的什么能力"才称赞你时，孩子就有可能会觉得自己什么都很棒而失去正确评估自己能力的机会，因此也造成"过高自信心"的出现。

因此所谓的自信，不是逼着孩子做到某项行为他就能具有自信，而是带着孩子去评估自己的能力，知道自己在完成这项任务上有什么优势及劣势，而劣势的部分，又可以采用什么样的方法来加强或补足。

如此，在自我评估系统建立成熟的状况下，孩子才有可能获得真正的自信。

自尊心

此外，在我们自我评估系统的不断运作下，我们就会对自己的各种状态、能力等进行评估，而达成在某一时间点对自己"整体"的想象。

这些"综合"之后的结果，即我们的"自尊心"。

—— 高自尊心 ——

在评估完与自我有关的部分后，觉得自己"都很好"，没有什么需要加强的地方，属于高自尊心的状态。

—— 自尊心适中 ——

在评估完与自我有关的部分后，觉得自己"有好的地方"，也有"需要加强的地方"，属于自尊心适中的状态。（但是事实上，我们常会高估自己一点。）

―― 低自尊心 ――

评估前	自我评估系统	评估后
?		+ −
?		− −
?		− − −
?		− −
?		− −

认为自己大部分都很差、很糟糕，没有什么有价值的地方，属于低自尊心状态。

我们自尊心的状态，对自我各个层面的影响是相当大的。比如我是个自尊心高的人，我总认为自己各个方面都很好，都不需要调整，我可能就无法接受别人的意见，或对别人的意见嗤之以鼻。

而如果我是自尊心较低的人，由于我觉得自己什么都不好，所以我也不会相信自己能够完成某件事或达成某个目标，我就会处在失去动机的状态中抑郁萎靡。

挫折忍受度

至于挫折忍受度呢，则是当原本预期正向的状态，实际上却遇到负向的结果时，我们调节自己情绪的能力。

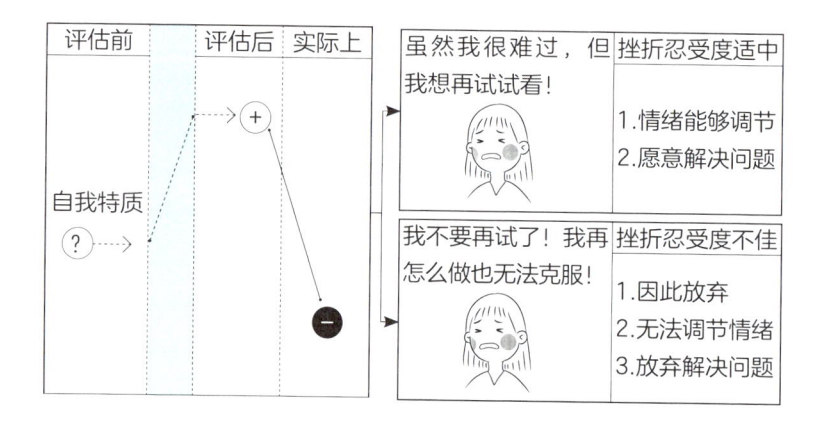

评估前	评估后	实际上		虽然我很难过，但我想再试试看！	挫折忍受度适中
自我特质 ?		⊕ ⊖		我不要再试了！我再怎么做也无法克服！	1. 情绪能够调节 2. 愿意解决问题 挫折忍受度不佳 1. 因此放弃 2. 无法调节情绪 3. 放弃解决问题

从上图可以看到，许多家长容易误会的地方，**就在于认为"挫折忍受度良好"，就是"当孩子遇到挫折时没有情绪"。**

但"没有情绪"，并不是衡量挫折忍受度的指标。 甚至当孩子遇到失落却没有情绪时，我们反而要注意，**这可能是因为孩子开始不在意结果了。**

因此，让孩子知道失落时本来就会难过、会有情绪波动，是非常正常的事。而挫折忍受度训练中要做的事，就是引导孩子学着怎样调节情绪。

最后，我们会在下一节继续讨论，当孩子需要调整自信心、自尊心、挫折忍受度时，我们该怎么办。

练习 4　如何在不影响孩子自我评价的状态下设立规范

Step 1　写下一个与孩子最近经常发生的冲突事件：
_____
_____

Step 2　分析事件发生的情境要素，即事件发生的场合、时间、行为等。分析好的要素可作为后续设立规则的来源。

人物：_____
时间：_____
场合：_____
行为：_____
物品：_____

Step 3　上述的情境要素中，与孩子发生冲突的原因是什么？

比如冲突的事件是：十点了孩子还没上床睡觉，而此事件中冲突点就是时间；如果冲突点来自在外面餐厅吃饭，孩子容易跑来跑去，那冲突就来自场合；与人的冲突包括跟奶奶说话会顶嘴，上课时喜欢和其他同学讲话等。

Step 4　与孩子讨论规则。针对其中发生冲突的情境要素（人物、时间、场合、行为、物品）制定规则，并与孩子讨论冲突事件会对别人造成什么样的影响，以及可能影响到自己的部分（影响到自己的部分可视同处罚，而处罚只要彼此都能够接受、不体罚就可以了）。

　　冲突点（情境要素）：_____
　　规则：_____
　　破坏规则会影响到别人：_____
　　也会影响到自己（处罚）：_____

Step 5　执行规则。当发生冲突时，以上述讲好的规则与孩子沟通。切记，如果不是说好的规则，就不用与孩子争执；而规则也可以在执行后，再与孩子讨论，做出修正。

2-4 自我评估系统：自信心越高越好？

其实对标题的回答，相信大家看过前一节，应该非常清楚了。

由于自信心指的是自我评估系统的偏差程度，因此过高或过低的偏差，都会造成我们误判自己的能力，而造成后续影响。比如低自信心带来焦虑、自我怀疑，或者高自信心带来的盲目、过度肯定等。

而每个孩子都有其独特的人格特质，彼此的能力也各不相同，因此在所处环境不一样的影响下，就可能出现不同的心理状态。

本节的重点，就是想带大家来讨论，当自己的孩子处在不同的心理状态时，如何帮助孩子调整状态。

类型一

> 这也太难了吧！我不想做……

自信心过低

＋

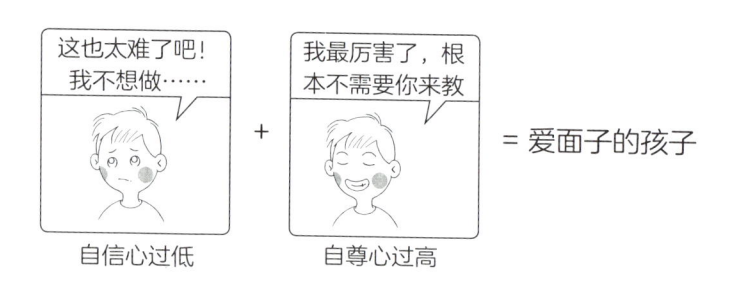

> 我最厉害了，根本不需要你来教

自尊心过高

＝ 爱面子的孩子

这组搭配乍看之下超级矛盾，孩子因为自信心过低觉得自己做不成事情，为何最后的整体状态还会觉得自己各方面都很好呢？

大家不要忘了，自我评估系统包含了两个部分，一个是社会回馈，另一个则是预期与结果的落差。

高自尊却低自信的孩子，即**容易因为"社会回馈"和"预期与结果"的不平衡**，使得自己觉得整体来说很好，却又无法评估自己能力。

比如说，当孩子面对任务时，家长只在旁鼓励"你什么都很好啊！你最厉害了！"却忘了引导孩子评估自己的能力。因此一旦结果不如预期，孩子也无法通过自我评估找出自己优势及弱势的地方。

也正因为如此，他们在做不到的时候特别容易放弃，却也不想接受别人的帮助，甚至因此出现许多冲突。

如果孩子是上述特别爱面子的状态的话，我们该如何帮助孩子呢？

1.称赞孩子，要联结称赞他的原因

第一件我们可以修正的事，就是稍微调整一下称赞孩子的方法：**将称赞的原因讲出来，而不是只称赞"你好棒"。**

比如称赞孩子打扫干净时，指出明确的称赞点："你特别注意房间的角落，把角落扫得很干净。"此时孩子就会知道是因为自己注意细节而得到能力上的肯定。

2.找出要提高的能力，并教孩子设定合适的预期

即使同一项能力，也容易因"社会回馈"和"预期与结果"不一致而出现不平衡的状态。

比如在家里，弟弟因为年纪还小，所以能力上比不过哥哥；而哥哥也觉得自己什么都比弟弟强，因此觉得自己最厉害（导致高自尊）。

但哥哥在上学后发现，其实有许多事情跟自己预期的不一样，如学习上的许多目标没办法第一次就达成或者无法做得跟同学一样好，所以无法肯定自己是否能完成目标（低自

信的偏差），因而处于"高自尊却低自信"的状态。

在此情境中，由于社会回馈的因素（兄弟年龄）是我们无法改变的部分，因此，我们就可以从"预期与结果"的部分来着手。

比如哥哥在学校踢球总是踢不进球门，而其他同学却都可以，因此要上体育课时总是特别紧张，却又不愿意请老师单独教他，我们就可以与孩子讨论如何设定合适的预期。

比如先将"预期目标"设定在可以一边踢球一边跑步这件事情上，当做到时，再将目标调整至踢进球门。

如此一步一步地调整，才能让孩子清楚知道自己的能力现在可以做到什么程度，而又可以靠如何努力达到下一阶段的目标。

3.练习归因的技巧

"归因"指的是如何归纳事情发生的原因，常见方式有两种。**一是"外归因"：这样的结果，都是别人的问题，都是环境不好，而将事件发生的原因完全推向外在；另一种方式则是"内归因"：出现这样的状况，都是我自己不好，所以都是我的问题。**

高自尊却低自信的孩子在问题发生时,由于不知道自己哪里不好,因此就容易出现用"外归因"的方式来分析问题。

"都是你不好,所以我才没完成!"
"我没有错!都是别人的问题!"

此时由于不断地外归因,孩子也不会检讨自己,无法评估自己有哪里需要加强,因而出现类似的循环。

若平常有带着孩子练习归因的机会,就可以让孩子知道,也可以从自己身上找答案。不过由于爱面子的状况会不断地影响孩子内归因的意愿,因此练习初期,我建议先从"假设性的情境"开始。

察觉内归因

去公园玩时,放在地上的水壶被别人踢倒了,请问是谁的问题?

(引导时,不仅要带着孩子察觉外归因,也要能够内归因。)

外归因:踢倒我水壶的人。

内归因:把水壶放在地上,自己也有责任。

解决问题:应该将水壶交给爸爸妈妈保管,或将水壶放在没有人的柱子旁边。

类型二

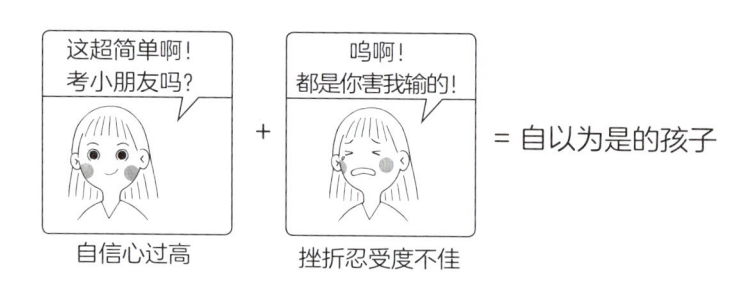

这超简单啊!考小朋友吗?	+	呜啊!都是你害我输的!	= 自以为是的孩子
自信心过高		挫折忍受度不佳	

这种类型的孩子其实很常见，源于人类大脑本来就会倾向于做出过于乐观的评估。但当我们发现结果与预期有落差时，就会出现情绪波动，此时如果情绪调节的能力较差，孩子就会出现从原本"胸有成竹"到"输不起"的高强度对比状况。

面对孩子总是自以为是，却在失败时崩溃、不愿意再尝试，应该怎样引导孩子呢？

1.不要过早让孩子接触"输赢"的游戏

许多家长认为，孩子的挫折忍受度可以借由不断地让他习惯失败而越挫越勇，进而提高挫折忍受度，因此与孩子练习的方式，就是不断地让孩子输掉游戏或失败，并告诉他："输了没什么！"

但试过这个方法的家长都知道，孩子要不每次越哭越大声，要不真的开始无感，根本没有达到训练挫折忍受度的目的。

甚至**当孩子还没有练习好调解自己情绪的能力，就让孩子过早接触输赢的游戏时，孩子就只会在反复的失败中觉得失控，而使得因挫折而出现的难过情绪变成更难处理的生气情绪。**

因此，**我通常会建议在孩子五岁甚至六岁（孩子情绪调控能力还有很大的成长空间时）之前，先尽量不要跟他玩输赢的游戏。**

2.将注意力导向赢过"自己"，而不是与"别人"比较

不与孩子玩输赢的游戏，也是可以与孩子练习挫折忍受度的。

练习的方式，就是与孩子讨论怎么赢过自己！

比如选一款桌游，第一次的时候孩子得到三分，在玩第二次之前，先与孩子讨论："你觉得怎么做，我们可以得到超过三分的分数，赢过第一次的你呢？"

而赢过自己的诀窍,就是发现可以改进的地方,并想出解决策略,再试一次。

这样的引导,就是在告诉孩子**不论你觉得自己有多不好,我们都有方法可以帮你解决问题。**

3.同理孩子失落的情绪

当然,在挫折忍受度的训练过程中,最重要的还是让孩子知道失败了不可耻,难过也是非常正常的事。至于同理的方法,大家可以参考P225的介绍。

类型三

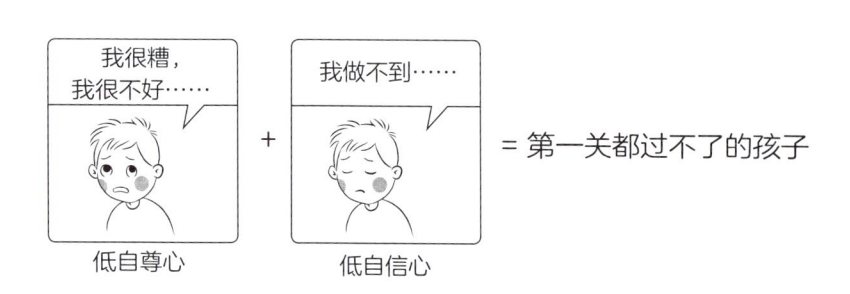

我很糟,我很不好……	+	我做不到……	= 第一关都过不了的孩子
低自尊心		低自信心	

孩子处在低自尊、低自信、低挫折忍受度的状态,最有

可能是以下两种原因造成的：一是家长不习惯肯定并回馈孩子的价值；二是孩子能力上的确有不足。

第一种类型的家长通常也会以比较"威权"的方式引导孩子——"我要求的事情你就要做到！"因此孩子总是得不到肯定，容易自我怀疑，也不知道自己到底哪里好。这种类型的家长，可以试试用以下的方式修正。

1.试着评估孩子的能力

其实许多家长也不是故意要以"威权"的方式引导孩子，只是没有习惯去考虑孩子的能力大小。

比如孩子上完一整天的课已经很累了，还要一回家就把功课写完。想想上了一整天班的我们，也不太可能一回家就继续处理工作，对吧？

因此，当我们要求孩子的时候，请试着提醒自己：孩子没办法完成事情，除了"不愿意"做之外，还有一个可能，就是他们可能"能力不足"。

当我们知道孩子不是不愿意做，而是能力不足时，就可以试着调整目标，或带着孩子弥补能力上的不足，而不是一味地逼迫孩子。

2.注意自己的表情

我们都是社会化的成年人了,因此会习惯隐藏自己的情绪,并控制自己不要在表情上表露太多。

但孩子主要是把大人的表情当作社交回馈,此时,"表情"与"沟通语言"的一致性就显得非常重要。所以下次鼓励孩子时,记得也加上一个大大的微笑吧!

第二种让孩子低自尊、低自信的原因,就在于孩子本身的确能力不足,而这也是许多临床上常见的发展迟缓的孩子容易出现的状态。

由于他们本身能力有限,所以不容易达到目标,也因此常有"想做但做不到"的状况。如果孩子是因为上述原因,家长可以参考以下几点加以修正。

1.第一次,就要让孩子百分之百成功

这种类型的孩子觉得自己没有能力,因此在尝试新活动前,他们就预期自己会失败,甚至会因为在意旁人的关注,从一开始就想完全放弃,连试都不想试。

当孩子出现这样的状态时,**"让孩子知道其实自己是有能力的"就非常重要了!** 方法也很简单,只要让孩子在第一次做事时,保证他百分之百成功可以了。

比如先挑一个孩子十分有把握的活动,成功后再让他试试较困难的任务,孩子尝试的意愿也会比较高。

或在孩子第一次尝试较难的任务时,提供较多的协助,将活动分解成较简单的步骤等,都是可以试试看的方法。

2.让孩子有机会赢得你的注意力

接着,让孩子知道该如何获得社会回馈也非常重要。

比如平常就可以给孩子指派一些小任务(如晚餐帮忙端盘子等),在他完成后再给予称赞,让孩子知道其实自己还是有能力获得肯定的。

3.促进精细动作能力——让孩子有掌控感

当孩子觉得自己没有能力完成任务时,就无法拥有"掌控感"。而让孩子对自己更有掌控感,并知道可以靠自己的力量来完成,以及有方法可以克服困难,对孩子的自信心而言非常重要。

至于要选用什么练习来让孩子有掌控感,我建议可以先**从精细动作的训练开始**,比如拼积木、练习用剪刀剪下卡通人物的纸卡等。

过程中一定会遇到一些困难,这时帮助孩子知道:

1.自己已经完成了什么;
2.可以用什么方法克服困难。

挑选精细动作训练的任务也可以考虑以难度方便调整、逐步分级的内容为主,比如捏黏土就很适合。"等级一"先学会揉出小汤圆,"等级二"是捏出喜欢的小动物,"等级三"则是捏出人偶等。

等到孩子可以靠自己的力量完成想做的事情,就会逐渐拥有掌控感,自信心也会逐渐增强。

练习 5　让孩子赢过自己

建议年龄：四岁↑可

Step 1　选一个游戏，得分方式不能是靠运气的（比如用骰子决定前进步数的游戏就不适合），至于游戏方式，单人的或双人的都没关系。

Step 2　让孩子先玩一次游戏，并记录得分。

Step 3　告诉孩子会再玩一次，但在下一次玩之前，要想方法超过上一次自己的分数。

Step 4　找出可以改进的地方，并与孩子讨论出至少三种方法，帮助孩子克服困难，以达到赢过自己的目标。

Step 5　让孩子照着上面想出来的策略，再玩一次，达到赢过自己的目标。

如果没有赢过也没有关系，可以朝着解决问题（参考P169练习9）的方向，直到赢过自己为止。

选择的游戏是：_____

第一次得分：_____

【目标】赢过上一次的_____分。

上一次有哪些做得好的可以维持：_____
_____

上一次遇到了什么困难或可以改进哪些地方：
_____

需要改进的地方，可以用哪三种解决策略来调整：

1._____

2._____

3._____

2-5 自我动机系统：我想要！

> 还记得我们在人生不同阶段的"想要"吗？

加满燃料，才有动力出发。

四岁的你，可能刚看完童话故事，因此想要当公主，要求大人买公主装，试着自己用纸做了个皇冠，可能还拿起妈妈的口红来涂,即使知道会被骂也在所不惜。

五岁的时候,被玩具店里积木组装成的轨道所震撼,因此想要一套属于自己的轨道,研究怎么用积木摆出想要的路线模型。在过程中,即使搭建出的道路不对也不气馁,仍努力找寻零件,规划符合自己设想的轨道。

六岁的时候,陶醉在钢琴的音色中,望着台上音乐家用灵巧的双手演奏出的美妙乐章。那一刻,你立刻请求父母让你学弹钢琴,想象着假以时日,坐在舞台上表演的人是你。

以上的"想要"或许你也有过,而我们的行为与决定,正是被这些"想要"驱动着。

不仅如此,不管最终有没有达到想要的目标,这些"想要"的过程,也得以让我们探索世界、挖掘或培养自己的能力,甚至在追求"想要"的过程中,建立自己的角色(比如成为芭蕾舞者或钢琴家)。

"我想要"就好像人生的"燃料"一样,而在"燃料"提供的动力中,我们的人生不断地往前推进。但没有"燃料"的时候,我们该怎样继续前行呢?

比如:再怎么催,孩子就是不会主动帮忙做家务;面对功课总是缺乏兴趣,总要你拿出"爱的小手",孩子才心不甘情不愿地做;明明已经做到一半,却没补充好"燃料",或补充的"燃料"有差错，使得行动暂时停止……又该怎样让孩子继续启动呢？

因此，在"动机系统"的议题中，我们就可能会面临两种状况：

1.该如何提供"燃料"，让孩子进入"我想要"的状态中。
2.当孩子的"我想要"消耗殆尽时，该如何协助他延续动机。

在讨论这两种状况时，也会因为"事件"的不同，而有不同的"燃料"机制与补充方式。

因此，我想先与大家厘清该如何针对不同的事件，才能够选择后续该如何提供并补充合适的"燃料"。

学习动机与行为动机

借由事件"本质"的不同，我们大致可以将日常事件分为两种类型：**一种与"学习"相关，另一种则是纯粹的"行为"。**也因为事件的这两种类型在本质上有所不同，因此执行的动机也会有些不一样。

先拿"行为"来说。人类本质上就是"省能"的动物,能节省能量,就尽量以省力的方式完成,直到面对事情不做会被骂,做完会得到奖赏的境况时,我们才开始尝试去做这件事。

因此"行为"事件的动机,**就来自"趋赏避罚"的心理。**这类事件一开始的"燃料",就在于做完这件事之后的结果(比如得到称赞、避免受罚等),而非事件本身。

学习就有些不一样了。心理学家认为,我们对于"学习"天生就具备内在动机。

比如,没有人说你玩玩具可以得到饼干,但幼童看到玩具在地上,会主动去探索,还试着用不同的玩法玩玩具,想办法克服在玩的时候遇到的各种挑战。

换句话说,我们对于"学习",是天生就有兴趣的。**因此与"行为"不同的是,"学习"类事件的"燃料",其实就来自于"学习本身"。**

	行为	学习
本质	我们是"省能"的生物	我们对于学习,"天生就具备内在动机"
初始动机("燃料")	趋赏避罚	学习本身
例子	做家务、整理书包、生活自理等	学钢琴、学游泳、学习新知识等

因此，我们在引导孩子之前，只有先分清楚事情是属于"行为"还是属于"学习"，才能借由事件的本质提供不同的"燃料"，引导孩子学习如何储存推动自己前行的动力。

最后，我想带着大家做个简单的练习。让我们在进入下一节的介绍之前，先初步分析一下孩子现在的动机状态，以厘清后续如何继续促进孩子的"我想要"。

练习 6 动机状态分析

1.请先将"所有"您希望孩子完成的事情（无论是目前孩子自己会做，还是需要大人提醒，或让您非常困扰的事件都可以）写在下面：

_____

_____

_____

2.将事件一个一个放入下一页的流程图，分析该事件属于何种类型，处于何种状态。

3.参考下面页数，在后面的章节找到解决策略！

【行为事件】

1.毫无动机，趋避型 →参考P98

2.外在动机，趋赏避罚型 →参考P133

3.内在动机，自律型 →参考P151

【学习事件】

1.无学习动机型 →参考P124

2.有学习动机而需要延续型 →参考P154

```
                        事件
                        │
           事件有没有**关卡**或**挑战性**?
       （所谓的关卡，是指事件可以提供的学习阶段。比如弹钢琴，
             要先认识钢琴键与音阶的关系，再学会识谱等）
                    ┌───┴───┐
                   没有      有
                    │        │
                   属于      属于
                  **行为**事件  **学习**事件
```

简单完成以下表格，判断事件对孩子来说属于何种类型。

		总是	经常	偶尔	很少
1	需要提醒三次以上，才会去做该做的事	3	2	1	0
2	要求孩子做事前，孩子会讨价还价	3	2	1	0
3	事情完成度差，草率了事	3	2	1	0
4	即使做过很多次，时间截止，孩子仍不知道自己该做什么	3	2	1	0
5	孩子在做事时，会有极大的负面情绪	3	2	1	0
	总分				分

一开始，对于要学的事情有无兴趣？

没有 → **无学习动机型**
对于要学的事情，一开始即表明不想学，没有兴趣

有 → **有学习动机而需要延续型**
一开始即表示有兴趣且愿意花时间探索及练习

10—15分 → **毫无动机，趋避型**
孩子对要做的事情总是心不甘情不愿，甚至大人发火了仍敷衍了事

5—10分 → **外在动机，趋赏避罚型**
孩子知道自己要做的事情，但仍需大人提醒，且明确是因为要求奖赏或避免惩罚才做

0—5分 → **内在动机，自律型**
主动完成任务，不太需要大人提醒

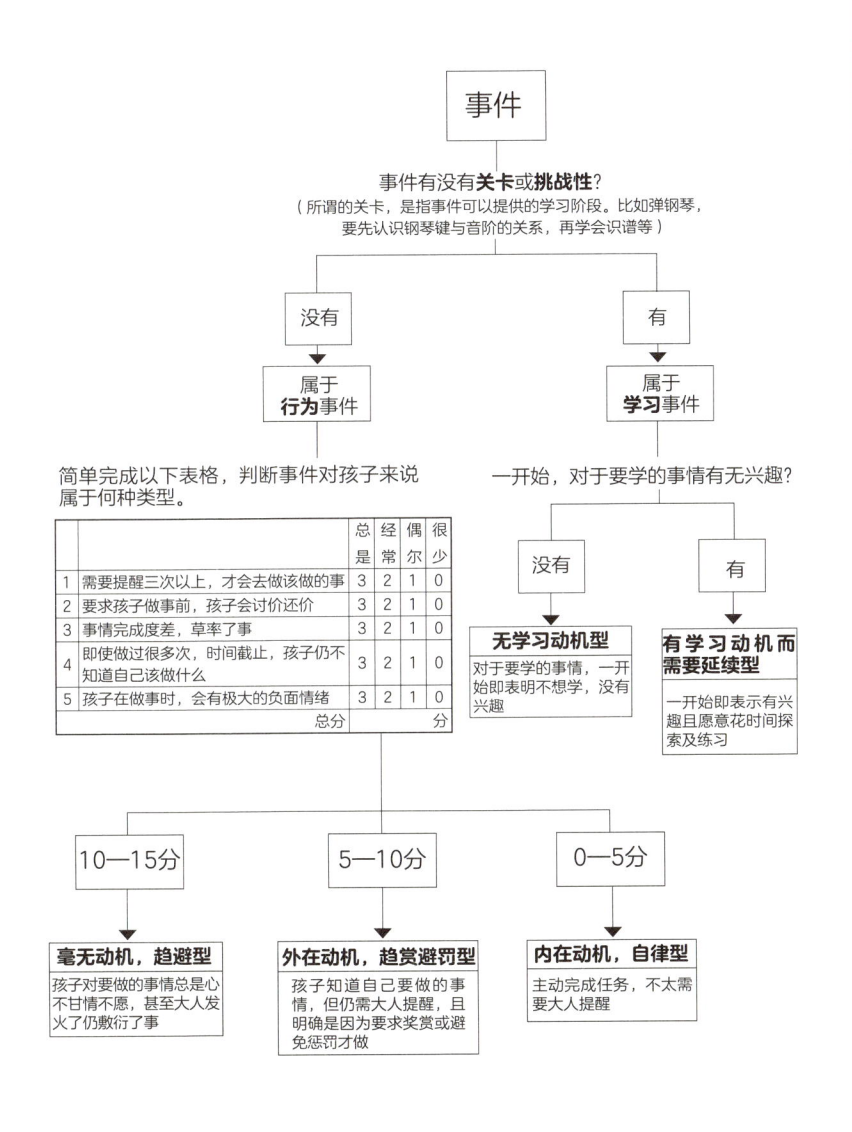

2-6 自我动机系统：启动孩子做事的开关

孩子九岁之前的行为，基于"趋赏避罚"

煮三餐（然后煮完吃不下）的循环

该煮什么好呢？	三十分钟内要煮完……	再吃一口吧。
想菜单，准备食材	跟食材会战	煮完跟小孩会战

"老师！你知道煮三餐有多累吗？！光是准备三餐的食材，再加上煮的时间就可以耗掉你一整天。而且煮完饭后根本没食欲，看着大家吃完后还要洗碗，然后小朋友在旁边跑来跑去，家里的大老爷还

跷着腿坐在旁边……早知道不结婚了。"

"既然煮三餐这么累,那是什么原因让您继续煮下去的?"

"责任吧!"

上面这段话,煮过三餐的妈妈一定感同身受,但也让我联想到另一个场景:

"小朋友,你喜不喜欢写作业呀?"

"不喜欢!老师你知道写作业有多累吗?学校作业超多,写完手很酸,写不好还要被妈妈擦掉,被学校老师要求重写……我最讨厌当学生了,当学生好累!"

"可是你很棒,作业还是都写完了呀!"

"因为写不完会挨骂,去学校会被同学笑!"

大家对上面的抱怨,应该都不陌生。

我们的日常生活,时常也是如此,充斥着许许多多"不想做但又必须做的事情"。大人们有责任感,会稍微逼自己一下;但让孩子做他不想做的事情,简直是许多家长的噩梦。

而存在如此差别的原因,就是孩子在"趋赏避罚"的发展阶段时需要有行动诱因；或者旁边要有大人盯着，孩子才会愿意完成事情。

也因此，许多家长希望能够引导孩子具有"不在他人的提醒下，也能主动完成事情"的动机。

所以说，当孩子遇到"不想做"，却又"必须做"的事情的时候，我们该如何激发孩子的动机呢？又或者，即使孩子还处于"趋赏避罚"的发展阶段，是否有打骂或威逼利诱以外的引导方式呢？

事件本质及动机状态不同，就会有不同的建议及"燃料"需求。因此接下来的介绍，就会以前一节分析后，归类在行为类事件中的"毫无动机，趋避型"以及学习类事件中的"无学习动机型"这两个类型的孩子为主。

让我们一起来看看，要怎样启动这两类孩子做事情的开关吧！

行为类事件：毫无动机，趋避型

"行为类"事件的特色，就是**一开始都不是自己主动想做，而是在大人的期待或施压之下，因为怕被大人骂，或想被称赞才开始完成事情**。所以在前面的介绍中，才会将这类型事件的"动机本质",归类在"趋赏避罚"上。

因此大多数的孩子不是不乖,只是一开始对行为事件的态度处于"大人在我就做,大人不在,没人提醒我,我就不会主动做"的状态中。

但也有一些孩子,可能在先天因素或后天环境的影响下,做事时不但需要大人提醒,还非得大人发火他才勉强地做一下;甚至做的时候,还会出现极大的负面情绪,比如边做边发脾气,甚至乱做一通。

最重要的是,即便大人再怎么生气也没用,他依旧我行我素,只做自己想做的事。也因此,要求这类孩子做事情时,也往往让家庭气氛变得乌烟瘴气。

不过究竟是什么样的先天因素,或后天教养方式才会让孩子出现这么"毫无动机,甚至极力趋避"的样子呢?

如果要厘清解决的方向,就要请大家在继续看下去之前,先用以下的分类流程图,分析一下影响自身孩子动机的原因,才能从根本上解决问题。

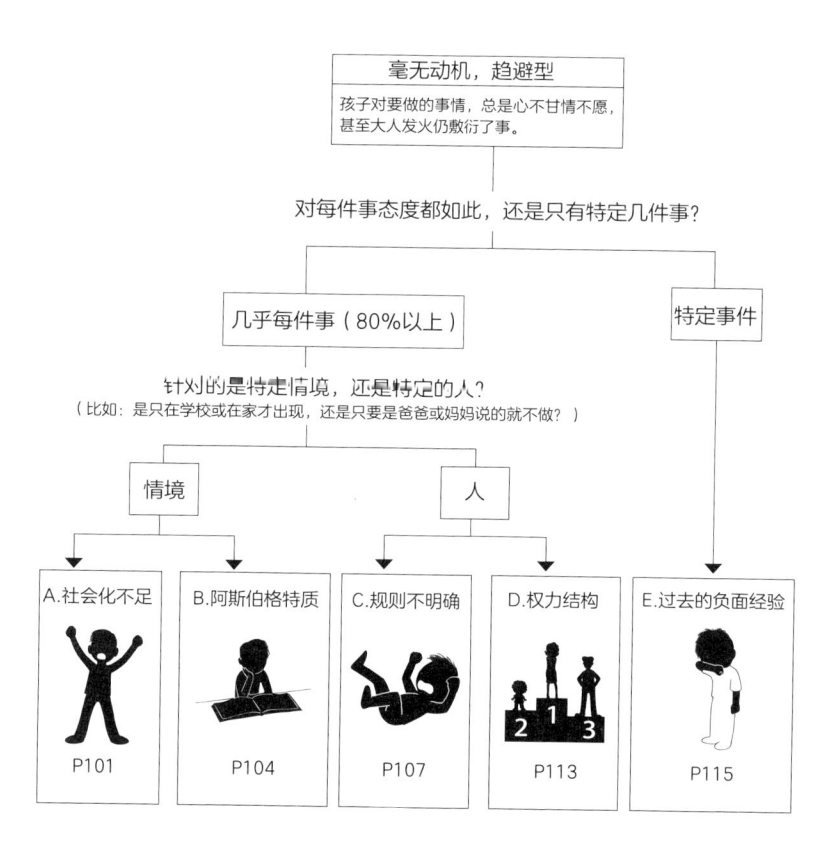

```
毫无动机,趋避型
孩子对要做的事情,总是心不甘情不愿,
甚至大人发火仍敷衍了事。
         │
对每件事态度都如此,还是只有特定几件事?
         │
    ┌────┴────┐
几乎每件事(80%以上)   特定事件
    │                  │
针对的是特定情境,还是特定的人?
(比如:是只在学校或在家才出现,还是只要是爸爸或妈妈说的就不做?)
    │
  ┌─┴─┐
 情境   人
  │    │
 ┌┴┐  ┌┴┐
 A  B  C  D         E
```

A. 社会化不足 P101
B. 阿斯伯格特质 P104
C. 规则不明确 P107
D. 权力结构 P113
E. 过去的负面经验 P115

WANTED

A. 社会化不足

无法融入群体的一匹狼！

原因：社会化不足

年龄：多发于三岁半至四岁

悬赏注意：

1. 建立"结构化"情境
2. 给予"社会情境"规则

所谓社会化，指的是因为孩子要进入团体而开始学习如何跟其他人一起生活的过程。

在这个过程中，孩子会了解到并不是任何时刻，想做什么就能做什么，而是必须遵守团体规范，或在不影响其他人的前提下学习如何约束自己的行为。

如果孩子社会化不足，就有可能会出现"只做自己想做的事"的情况，无法在其他大人的规定下执行团体任务。甚至当大人要求或规定孩子做该做的事时，孩子就会出现情绪无法配合的情况。

此状况最容易发生在三岁半至四岁半的孩子身上。

这个阶段的孩子，刚好要从过去无拘无束的状态进入幼儿园等"结构化"的环境。当大人试图引导时，由于孩子还没有社会化的适应，就会出现"不想听、不想做，甚至大哭大闹"的表现。

引导方式

（一）建立"结构化"的情境

向孩子说明"情境"，让孩子知道有些时刻（情境），不是自己想做什么就能做什么，并利用制定情境"规则"的方式，让孩子知道行为约束的方向。

比如"吃饭情境"，就可以制定"吃完饭才能玩游戏"的规则；或说明"每天都要做作业情境"，并制定"完成作业才能做自己想做的事"的规则。

要注意的是，不要一次在太多情境下制定规则，同一时期内以适应一个情境为主。

（二）给予"社会情境"的规则

让孩子知道，有所谓的"社会情境"规则，比如"等待""轮流"。这些规则虽然在一个人的时候不会发生，但如果要进入团体中，就必须要遵守。

比如"等待规则"，可以练习在吃饼干前，要数到三十；或是"轮流规则"，可以在与孩子玩游戏时，提醒"爸爸完成了，要换谁呢"或"你完成了，接下来会换谁"。

练习成功后，就可以试着将规则类化到不同的社会情境中，比如排队等待结账、轮流玩滑梯等。

WANTED

B. 阿斯伯格特质

难以察觉社交讯息，容易我行我素的小大人！

原因：阿斯伯格特质

悬赏注意：

1. 建立规则
2. 用"最想做的事"当作规则的回馈

除了社会化不足之外，阿斯伯格特质也是常见的影响孩子"动机"的因素之一。

常听到阿斯伯格特质孩子的家长抱怨："想做的事情可以非常专心，但是不想做的事情，即使再怎么逼都没有用！"

当然，拿"想"与"不想"来做比较是人之常情，但阿斯伯格特质的孩子的对比程度就更大了，甚至会让大家觉得他们有"我行我素不听指令"的感觉，而使得他们无法快速地适应团体生活。

这类孩子会如此做事，原因来自于他们对"社交讯息"的察觉不太敏感，也因此在做事的动机上面会有不同的价值系统排序。

对他们而言，"想做的事情"（或注意到的细节、坚持的逻辑）是最重要的，之后是物质回馈，最后才是社交讯息的回馈。

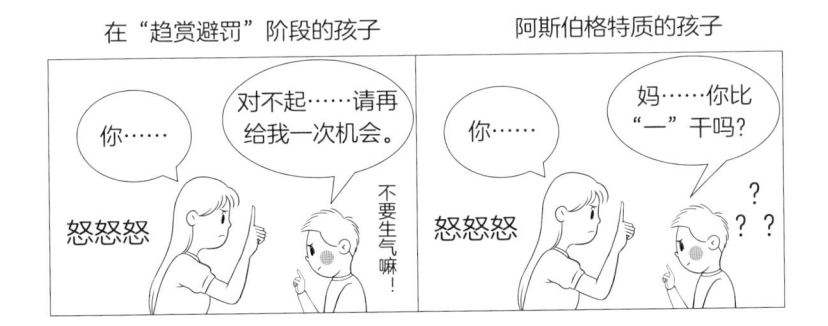

注意，这里的社交讯息的回馈，指的不是想不想交朋友（想不想交朋友得看人格特质，有些人就是喜欢交很多朋友，有些人就觉得有单一互动对象就好），而是别人的情绪、肢体动作的变化等。

而因为对这些社交讯息的不敏感，这类孩子做事情时不太会因为"大人生气"就有所改变。

也因为**"想做＞物质＞社交"这样的价值排序落差，使得孩子在做事情的选择上，偏向选择自己喜欢的来做，而且会特别坚持。**至于对他们来说不重要、没兴趣的其他事，即便在大人的规定下，孩子还是会敷衍了事。

引导方式

虽然阿斯伯格特质的孩子对社交讯息不敏感，但他们特别在意"规则"。因此，对事情的执行与分配建立简单的规则，并将孩子"最想要"的事情排在后面当作奖励，孩子就更能够按照规则来完成任务。

比如每天晚上讨论有哪五件事要做，只要完成一件事就能够得到一颗星星，集满三颗星星就可以在睡前选择一件想做的事情来做。

WANTED

C. 规则不明确

一哭二闹，永远都在试探底线的小油条！

原因：规则不明确

悬赏注意：

1. 预告规则
2. 先讲好，再坚持
3. 提供解决方法
4. 考虑孩子的能力

如果孩子的动机议题并不是在每个情境都发生,而是针对"特定的人"的时候,该怎么办呢?

比如,孩子对妈妈讲的话言听计从,但只要是爸爸讲的话,就特别不听,不只当耳边风,甚至还会出现为了反对而反对的状况,由此也容易造成许多亲子冲突。

为什么孩子在面对不同人时,态度会差这么多?原因可能来自以下两种情况:

1.大人给出的规则不够明确;
2.权力结构的影响。

规则不够明确,主要原因就是大人对讨论好的规则反反复复。比如,明明规定好晚上九点就必须上床入睡,每天严格执行,有天却因为大人自己还不想睡就一再地延后。

这样跟孩子一会儿说可以一会儿又说不行,久而久之,孩子就不知道该不该遵守规则了。

此外,大人与孩子的这种互动模式,一旦陷入孩子大哭大闹的境地,大人就会很容易改变规则:"好啦好啦!给你,你不要尖叫了好吗?"

时间久了,孩子也会知道这位大人没有所谓的规则或规范,因而出现大家常说的"吃定大人、试探大人底线"的情况。孩子会有这样的预期——反正我怎样都可以,大人的话也就不具有任何约束力了。

很明显,这种情况的改善方法,就是试着在与孩子的互动中建立一些规则或规范。具体可以怎么做呢?

1 准备期	2 预备进入事件
制定规则	**预告规则**
1.沟通制定规则的原因:行为会影响到别人 2.沟通破坏规则的影响:影响别人→影响自己 3.制定规则时,要考虑孩子的能力	我们说好的规则是……

3 事件中	4 事件后
执行规则	**修正行为**
1.以规则作为提醒方式:避免引发羞愧感 2.承担破坏规则的影响:前面影响自己的部分 3.执行时,记得同理;没制定的规则就不需要坚持	1.厘清问题,而非强调对错:要解决的是…… 2.以互惠原则提出解决方法:不使任何一方感到委屈

引导方式

准备期:在事件发生前与孩子讨论规则

规则的制定有两大原则。

第一,规则的建立,是为了让孩子在道德基础上修正行为,而非让孩子产生羞愧感。因此与孩子讨论为什么会针对行为建立规则就很重要了(此部分可以参考前面说过的罪恶感P63)。

第二,规则除了要"明确"之外,也要考虑孩子的能力。

比如要求一位四岁的孩子"自己的房间要自己整理",不仅目标抽象,孩子也会无所适从,倒不如将规则改成"每天晚上要把包包放在固定的位置上",或是"睡觉前要将玩具放在箱子里"等。

预备进入事件:预告规则

孩子的大脑还没成熟,因此在没有预先准备的情况下,他们很难在事件发生当下就做出自我控制或调节。

因此这时候预告规则就很重要,因为预告能帮助他们预期接下来会有什么情况发生,以及该往什么方向调节,而不是猝不及防。

事件中:没讲的规则,不要跟孩子坚持

许多家长会过犹不及,在情境中不断地制定各种新的规则,然后无止境要求孩子遵守。

注意,不断地制定各种新的规则,只会让孩子觉得"一切都是大人说了算",因此只能选择当下忍耐,放弃与大人沟通。这样不仅容易扼杀孩子的行为动机,还会让孩子失去对大人的信任,得不偿失。

事件后:在不影响规则的情况下,提供解决方法

温柔的坚持不是唯一的道路。

事实上,试着在不违背规则的情况下,提出解决方法,才是引导孩子学会如何面对下次挑战的开始。

解决方法可以怎样引导呢?大家不妨以"给选择权和提出替代方案"的方式,试着引导孩子。

假设规则是:当我们预告"再玩最后一次滑梯,之后就要回家。"

预告规则后,孩子仍吵着要玩,你可以给选择权:"我们已经讲好了规则。所以你现在如果破坏规则的话,明天我们就不能来玩了;或者你可以选择我们现在一起回家,明天还可以继续来玩。"

也可以提出替代方案:"现在不能玩滑梯,但你回到家等妈妈煮饭的时候,可以玩你最喜欢的变形金刚!"

WANTED

D. 权力结构

"谁是老大，我就听谁的"的墙头草！

原因：权力结构

悬赏注意：

1. 不需要特别改变权力结构
2. 找出适合的互动方式

权力结构是什么呢？说白了，就是谁的地位高。

你也许会说，家里其实也没有人特别权威呀，也没有特别强调谁的话一定要听，为什么还会有这样的问题呢？

其实人类天生就是"社交动物"，因此对权力阶层，本来就有相对的敏感度。孩子就在观察家庭成员的互动中，慢慢地感受到似乎谁是决定事情的主要角色，而谁又是比较属于被动接受决定的人。

至于谁决定，谁被动接受，许多时候就来自人格特质的影响。比如有些爸爸，就喜欢跟孩子打成一片，与孩子有许多小秘密或一起冒险的经历，这种类型的爸爸就更像孩子的朋友，而不是制定规则的人。

引导方式

家长要做的，是先正视自己权力阶层的影响：比如与孩子相处像朋友，好处是孩子会更相信你；但朋友的权力阶层不分谁高谁低，因此如果要孩子做事，孩子就会不动如山。

此时可以不用重新建立权力关系，而是试着将与孩子互动的方法调整成适合你们关系的状态。

比如与其跟孩子说"你要做……"，倒不如换成"我们一起做……吧"，这样效果可能更好！

WANTED

E. 过去的负面经验

一听到要做事就崩溃的定时炸弹

原因：过去的负面经验

悬赏注意：

1. 避免型策略

（1）从"完成了什么"开始

（2）到让孩子"自己发现错误"

（3）避免"下次犯错"

2. 处理型策略

（1）从"无条件接纳"开始

（2）同理孩子，增加"信任感"

（3）增加"选择权"与"外在动机"

最后，孩子的毫无动机，并不是针对任何人或特定情境，而是针对特定事件时，该怎么办呢？

孩子会对特定事件如此排斥，最有可能的原因就是孩子在做这件事时，曾有过不好的经历。

比如，许多家长容易求好心切，因此在孩子达不到目标时，说出许多气话：

"你怎么这么笨啊！这么简单你都不会！"

或者，在孩子达不到要求时，就不断地要求孩子重做：

"你态度怎么这么随便！再去拖一次地！"

这些气话或要求不仅没有激励孩子，还会让孩子觉得自己很糟糕、很不好，因而产生羞愧的情绪。

羞愧是一种非常负面的情绪感受，因此当有社会评价让我们经历这种情绪时，我们就会本能地选择逃跑，启动防卫机制或反击，最终演变成每次做事前就选择拒绝的习惯。

孩子也有可能出现动作上或言语上的反击。不管是哪一种，都会是亲子冲突进一步扩大的引爆点。

如果孩子处在这样的状态中，我们该如何解决呢？我想将以下的讨论分成"避免"和"处理"两个方向。

前者是如何避免让孩子经历失去动机的负面经验;后者则是不小心造成这种状态时,我们该怎样做。

引导方式

(一)避免型策略

孩子与我们本来就是不同的个体,他们会有自己的想法,更不用说他们还有许多能力都还在发展中。

因为能力或想法上的不同,孩子出现与我们预期不同的表现,是非常正常且一定会发生的状况。

当这些"预期落差"发生时,就是考验我们大人如何面对自己或期待落空的失望情绪的时候了。如果我们只是"讲气话"或"羞辱"孩子等单方面发泄情绪的行为,那么我们只是在发泄自己的情绪而已,实际上对孩子的培养并无任何帮助。

此外,许多家长也不是真的想让孩子觉得自己不好,但就是不知道该如何拿捏"希望修正错误"跟"避免羞辱"中间的尺度,因而出现许多无心但确确实实的负面经验。

```
只是羞辱孩子                          协助修正错误
讲  强  用  控            先  明  解
气  调  生  制            肯  确  决
话  错  气  孩            定  方  问
    误      子                向  题
```

我真的很糟   我还有努力空间

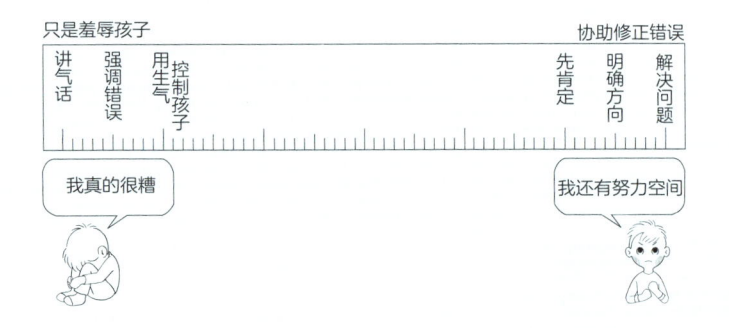

此时,我们该做的是:

告诉孩子,他完成了什么事

孩子与大人不一样,很容易陷入"一个不好就觉得全部不好""一个错就全部都错"的极端状态。因此即使大人只是提醒孩子哪里做得不好,孩子实际上的感受也是"被全盘否定""我真的很糟""一无是处"。

要避免这样的状况出现,先告诉他"你已经完成了",就可以让孩子知道其实我也完成了一些事情,只是有其他的提醒,而我只要把被提醒的部分修正就可以了。

让孩子学习发现自己可修正的地方

孩子对事件的理解及许多行为上的标准都还在建立中,所以许多时候即使事情已经发生了,但孩子也不觉得做错了或没做好。

此时,过于直接的提醒,就有可能造成反效果,导致情况更难解决。

因此,与其直接点出错误,倒不如改变一下询问的方式,让孩子先试着检视自己的行为或成果,反而能让孩子在自我评估当中,学着察觉需要修正的地方。

与其将焦点放在让孩子"承认"错误,不如引导他"修正"问题

许多家长会将焦点过于放在让孩子承认这次的错误上。比如,当孩子说"我没有犯错"时,家长就一定要让孩子承认错误;或孩子哪里做得不好,就难免会被秋后算账;或孩子觉得家长总是在挑自己毛病的循环中。

就像前面说的,即使最后用打骂的方式让孩子承认错误,孩子学到的也不是如何解决问题,反而是得到经验——如果做错了,我要怎样避免家长的责骂。

因此,这时我们应将焦点放在与孩子讨论如何解决这次的问题上,孩子才有机会学到"如何修正错误",而不是"如何避免错误被发现"。

(二) 处理型策略

当孩子做事的动机，已经被我们过去的教育方式影响时，我们该怎样做呢？

找出一件事情，让孩子觉得被无条件接纳

如果孩子已经感受到每次做完事情后，总是会被我们"挑错"和"指责"，他们就会有一些无助的感觉——"反正我每次做完事情，你总是会骂我，那我就不想做了！"

此时，我们可以先借助一件事，让孩子觉得自己被无条件接纳。这件事最好是之前没做过（没有负面经验的联结）并在过程中可以有些互动的，比如一起煮饭、画画或完成手工作品都很好。

过程中，可以告诉孩子在哪些环节可以自由创作，哪些环节需要遵守规则。比如做饼干，糖与面粉的比例要对，但至于做出怎样的形状，想用什么方式呈现，就是可以让孩子自由发挥的方面。

最后，让孩子享受成果，比如将自己创作的饼干分享给家人吃。孩子在这个过程中就会感觉到："啊！原来我也可以自由发挥，大人也会接受！"

"无条件被接纳"的感觉会让亲子关系慢慢朝向下一步。

大人也可以试着在过程中调整心态,"不是每一件事都有所谓的标准答案",有时候稍微偏离自己"期待的、设定好的"轨道也无妨,还可能让生活更多彩多姿,不是吗?

请多跟孩子说:"我没有要骂你,也不会生气,我们一起来想方法解决。"

当与孩子讨论事情,孩子却安安静静不说话时,其实是开始不信任大人的表现。此时,请试着先说出"我不是要骂你,也不会生气,我们一起来想办法解决"这句话就能让孩子知道"原来你是站在我这边"的,重新建立信任感。

过程中,要少说"我是为你好""学到的就是你的"等话语,这些话不但不会让孩子觉得你站在他那边,反而会将孩子越推越远,"我们""一起"等拉近关系的话语,才是缓解问题的关键!

要提升孩子"行为事件"的动机,初期可以给他一些外在回馈

当执行上述两点一段时间后,就可以慢慢地针对"目标事件"来解决了!

至于选择介入的时间点,大家可以观察看看,当孩子比以往更愿意和你沟通或沟通时间缩短的时候,就是介入的好时机!

此外,我们可以与孩子讨论,当完成事情之后,可以获得哪些"外在回馈"。因为有些事情,真的需要回馈。

想想,如果老板说你这个月工作很认真,而且你自己也很有成就感,但没有奖金给你,你愿意吗?我想当然是不愿意的。

但要注意的是,"行为"类事件初期一些外在回馈没关系,但不建议"学习"类事件也这样处理。

至于如何给、给多少,可以参考后面的章节做调整。(P139)

学习类事件:无学习动机型

学习,意味着我们使用以往不会的方法来改变我们的行为,最终达到"认知"或"行为"的改变。

不管学习历程靠的是尝试错误、经验联结,还是社会模仿,只要学到东西,大脑就会"自动强化"这样的行为,让学习再次发生。因为我们在学习中的探索,会无形中增加我们的生存机会。

孩子也是如此，在每次爬高爬低的过程中，学到了运用自己身体的方式。

这些其实都不用大人教，他们在探索环境的过程中，自己主动地获得了这些知识，并成就了"认知"或"行为"上的改变。

但我们在生活中，的确会遇到孩子一开始就对学习没兴趣的问题。这时你可能会想："咦？不是说学习是先天驱动力吗？为什么孩子一开始就不想学呢？是孩子太不上进了吗？"

WANTED

F. 缺乏学习动机

"学习是什么？可以吃吗？"的佛系孩子

原因：毫无学习动机

悬赏注意：

1. "学习"是否变成了"行为"
2. 家长是否给孩子制定了确切目标
3. 利用社会参照的功能

如果发现孩子缺乏学习动机，这不代表孩子不上进，可能是孩子受到下面状况的影响。

引导方式

（一）选错引导方式，让"学习"变成"行为"

如何区分"行为"与"学习"

行为：步骤重复性高且大多是机械性步骤，缺乏可探索性，也无关卡设置。

学习：具有可探索性，且会设置关卡，因此会了解关卡的"目标"，并获得克服关卡的"成就感"。

以"学习生字"作为例子，目标是认字、学会写出生字。

行为式引导：让"学习"事件变成"行为"事件，因此丧失学习动机

要求孩子不断地抄写生字，一个抄十遍，如果记不住，再继续抄。

学习式引导：保有学习动机

1. 让学习生字有探索性：借由部首、部件的拆解介绍，让孩子了解不同部首的含义，在脑中形成汉字"形""音""义"的印象。

2. 让学习生字可以克服困难：通过安排书单，让孩子学会更多字，可以挑战阅读难度更高的书籍，如没有注音和文字量大的书籍。

（二）多利用社会参照的功能

什么是"社会参照"

所谓的"社会参照"，是我们借由观察别人做事情时的状态，而习得这件事情可能对我们的影响。

比如我们看到其他人因为帮助他人而得到他人感激的开心情绪，就能够知道帮助别人是一件开心的事。

操作流程

制定目标： 比如形成阅读习惯。

实际执行： 每天挑一个阅读时间，孩子与家长各自选择喜欢看的书，并在看完之后，彼此分享当天看到的内容。由于看的都是自己喜欢的书，所以分享时也能开心地将喜欢的内容与家人讨论。

过程中,孩子借由"看到大人对阅读这件事的反应",参照了阅读所带来的正向情绪的联结。

练习 7　给孩子选择权

对任何动机类型的孩子来说，这个练习都很有必要。

原因除了前面提过很多次的给出选择权会让孩子更有"我参与"的感觉之外，还有另外一件很重要的事：家长其实也在这个练习过程中，学会慢慢地放手。

"放手"说起来简单，但也是真的需要练习。我们从孩子什么事都不会，引导他该怎么做开始，就已经习惯了孩子黏着我们、依赖我们，而当孩子开始进步和成长了，不再需要我们的时候，我们除了为孩子的独立而感到开心之外，也迎来相当程度的失落。

"以前不是常常黏着我们吗？"
"不是说遇到困难，都可以回来找我们吗？"
"孩子是不是不再需要我们了？"

但无论如何，既然孩子独立是一定会发生的事，那么我们也有必要进行一些练习。这除了能够帮助我们准备好之外，也能让孩子在我们放手后展现真正的独立。

不过，选择权该如何给呢？让我们一步一步来。

1.请大家先选择一件最近要求孩子做但他做得心不甘情不愿的事件。

2.试着将这件事的完成，制定成一个"具体"的目标。

比如"打扫房间"就不是一个具体的目标，因为孩子也不知道该"做到"什么；若将目标改成"扫地一遍，拖地一遍，打扫房间就完成了"，那目标就会明确得多。

如果大家还是觉得目标很难改得具体的话，可以把握"定量"这个原则。譬如说清楚做几次、什么时间内完成、成品的多寡等。

3.第一阶段：用二选一的选项给孩子选择。

与孩子沟通时，试着在不妨碍目标的情况下，给出两个选项。比如前面提到的打扫房间，我们就可以将目标包装成：

"今天你要扫地一次，拖地一次，才算打扫了房间。那你要一边听'巧虎'一边打扫房间，还是要听有声书一边打扫房间？"

"你要先打扫房间再看电视，还是先看电视再打扫房间？你自己选。"

"你打扫房间的时候，希望一边打扫，爸爸妈妈一边检查；还是你全部做完我们再来检查？你自己选。"

第一阶段先用选项的原因，除了能既给出选择权，又不会妨碍目标，也在于孩子许多时候并不知道自己要"想"或"选择"什么，因此先用给出选项的方式。

也请大家想出三种给出选项的方式，填在后面的表格中，就可以当作第一阶段引导的语句与方法！

4.第二阶段：开放选项的调整。

等到孩子不排斥选择后，就可以试着开放选项的调整，比如：

"你今天想听什么音乐？可以自己选。"

"你可以自己选择用什么方式拖地，你想用抹布、拖把，还是其他？"

每次都变化一种选项也可以，只是如果孩子选择的选项会影响到目标的实现，那就要提醒孩子了！

5.第三阶段：在不影响目标的情况下，加上孩子自己喜欢的条件。

孩子做这件事的经验越多，就会越了解这件事，也有了完成事件的预期或自己的许多诀窍等。

当孩子越来越拿手后，就可以开始让孩子规划"加上他喜欢的条件"了。比如让孩子根据自己喜欢的做家务的时间、喜欢的做家务的流程、喜欢怎么分配工作等做决定。

6.第四阶段：让孩子自己制定目标。

让孩子自己制定目标，并规划如何达到目标。

通常孩子在经过前面的练习后，就会比较清楚地知道大人的要求及自己在这件事上该符合什么期待。

这时候的表现可以多加上孩子自己想要的、自己可以控制的层面，我们也可以试着慢慢地放手，让孩子依自己的规划进行。

接下来，就让我们来演练一下吧！

事件	
具体目标	
给出选择	1.你要选_____，还是要_____？ 2.你要选_____，还是要_____？ 3.你要选_____，还是要_____？
开启选项	有什么可以开放的选项？ _____。
自选条件	孩子喜欢的条件： 1._____。 2._____。 3._____。
自定义目标	孩子想要达到的目标：_____。 要完成这个目标，有哪三种方法可以用： 1._____。 2._____。 3._____。

2-7 自我动机系统：如何让孩子自动自发？

将外在动机转化为内在动机

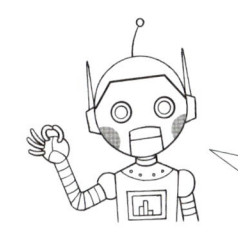

你还在一个指令一个动作吗？

要孩子自动自发？真的可能。
但我们要做的第一件事，就是不要再把孩子当机器人。

"老师！孩子拖拖拉拉怎么办？"

"为什么每一次都要我提醒才会去做？不知道讲过几百次了！"

"孩子到底要怎样才会自动自发？"

每次只要一聊到上述的话题，我一定会先安慰爸爸妈妈，放心，不是只有你家孩子会这样，这大概是大多数家庭最常出现的困扰。

我们不可能只说一句提醒的话,孩子就听话地做自己该做的事,要想让孩子自动自发,我们需要许许多多的努力与调整。但大家也不用担心,这些调整是有方向的。

我们前面大多数的讨论,是基于"如何让孩子有开始做事的动机"这个话题,也就是从"启动孩子愿意做事的开关"开始。

而接下来我们会讨论,如果孩子处在会去做这件事的状态,但总是要大人提醒或威逼利诱才愿意做,我们是可以引导的。至于适用的类型,就是前面所说的**"在行为类事件类型上,依赖外在回馈做事的孩子"**。

对处在仰赖外在回馈、趋赏避罚状态的孩子来说,"你说了,我才做;你不说,我就不做"是最适合他们的描述。但这也不怪孩子,其实我们大多数人对于行为事件的心理,都是这个状态。

我们的大脑不会主动对"行为类事件"给予回馈,是因为有奖赏或为了避免处罚,我们才开始对这类事件进行价值排序。

在这个不断地对事件做价值排序的过程中,我们做事的动机才慢慢变得更加多样化。

比如你一开始愿意工作,可能是因为需要钱,因此才在薪水这项明显的"外在回馈"下，开始在工作中付出。但渐渐地，我们发现在工作中解决问题、克服困难的"成就感"变成了工作的动力之一。

或者当你发现因为你没有将自己的部分负责好，使得同部门的同事受影响，你就会开始避免不必要的请假，或者将自己的部分完成好再请假，这时的工作动力就来自责任感。

这种种因素，有些来自外在回馈（金钱、老板的称赞），有些来自内在动机（成就感、责任感），逐渐结合成我们愿意工作的动力。

引导孩子的过程也是如此，虽然一开始只是因为结果，孩子才愿意做事，但随着我们的引导，孩子有可能在不同"燃料"的驱动下，开始出现"外在动机"以外的动力，甚至愿意主动完成事情。

回到前面的动机议题，当我们想让孩子主动完成事情时，无非就是想让孩子把"外在动机"渐渐地转化为"内在动机"——"是我自己想做"！而心理学家爱德华·德西（Edward Deci）和理查德·瑞安（Richard Ryan）将这样的心理过程整理成"自我决定理论"（Self-Determination Theory）。

所谓的自我决定理论，指的是当我们在做事情时，越是自己想要做，自己愿意做的，我们做事的动力就会越强，且我们在过程中就会越开心。

当然，如果只是这样说，你可能会觉得这是一段废话，但我们的确容易忽略这个部分。

每当有家长问我孩子为何总是没有责任感，对自己该做的事情漠不关心时，我都会反问一个问题：

> "那他平常对自己该做的事情能够自己决定部分或有选择权吗？"

而得到的答案，通常是：

> "这就是孩子该做的事情呀！他怎么可以自己决定部分或有选择权呢？"

试问，虽然我们觉得这是孩子该做的事，但在孩子眼里，这些事是被大人要求才做的。而既然是别人的要求，那孩子又怎么会想对事情负责呢？

因此，我们接下来就会根据"自我决定理论"里动机状态的改变，来看看如何引导孩子从依靠结果驱使的"外在动机"，转换成自己主动做的"内在动机"。而动机状态的改变可以简单分成以下四个阶段。

阶段（一）：外律

仰赖外在回馈

扫完就有电视看。

只依赖外在的奖赏或为了避免处罚才做事，且对事情没有胜任感。

阶段（二）：内摄自律

开始在意结果

我做得好吗？

开始察觉事情是"自己"完成的。因此会在意是否能成功完成，以及完成得好坏。

阶段（三）：认同自律

开始认同目标

房间变干净了！

在任务中，开始出现自我认同的目标。

阶段（四）：统整自律

开始享受任务

做家务好开心。

完成任务是为了让自己开心，以及获得做事时的满足感。

外律→内摄自律

	继续让孩子将注意力 放在外在回馈上	1.察觉是"我"在做事 2.减少对外在回馈的需求
	−	+

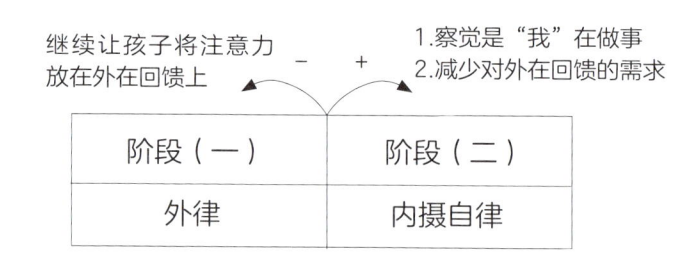

阶段（一）	阶段（二）
外律	内摄自律

一开始，孩子一定要在事件中有"自我察觉"，才能慢慢地将注意力从原本的对外在回馈的追求，转移到"是自己在做事"上面。

这样讲或许有点抽象，但大家不妨想想孩子在不同动机状态中的样子。比如当孩子还在追求回馈时，一旦事情完成，他们就想赶快看电视，或赶快吃麦当劳。

而当孩子开始从"外律"转变成"内摄自律"时，他们就会开始察觉到"是自己在做"，而不只是期待外在回馈。

孩子会开始在意"自己"做得好不好，并开始担心结果是否成功，或进行社交回馈的确认（问你他做得好不好）。

此时引导的重点，就是让孩子减少对外在回馈的需求，这样孩子就更有机会从"外律"转变成"内摄自律"，**动机也会开始从获得外在回馈转换成关注自身**。

不过，许多孩子会在这个关卡停留很久。一旦没有外在回馈了，他们就会不想做事或缺乏做事的动力。此时，该如何引导孩子减少外在回馈并将注意力转移到自己身上呢？以下几个小诀窍跟大家分享。

1.给外在回馈前，先称赞孩子"已经完成的部分"

行为类事件的本质是趋赏避罚，因此许多孩子才会一定要有电视才做作业，有麦当劳吃才愿意做家务。

但就像我们前面说的，如果我们只提供外在回馈，那一旦没有电视或麦当劳，孩子就不愿意做事，或者在做事之前讨价还价。

最重要的是，孩子永远也不会把这类事情当作自己的事来做，因此家长永远也等不到孩子自动自发的那天。

如果想让孩子进入下一阶段，在我们给予外在回馈前，一定要引导孩子将一部分的注意力放回自己身上，**比如称赞孩子"已经完成的部分"。**

"你已经将客厅全部拖完一遍了，很棒！"

"你的衣服都自己收起来了，都不需要我帮忙，真的很棒！"

如此，孩子的注意力就会被转移到自己主动完成的部分，而不是全都放在外在回馈上面，只有这样在行为事件中的自我觉察才会慢慢地展现出来。

2.询问孩子觉得自己哪里做得棒

而除了称赞已经完成的部分之外，对四岁以上的孩子，其实就可以开始引导他们思考**自己哪里做得很棒**。

这样建议，是为了更进一步地**将"自己"与"所做的事情"形成联结，而当孩子习惯将"自己"与"事件"形成联结之后，"自我"投入事件中的程度就会高**。

不过值得注意的是，孩子一开始可能还没有能力自己想出哪里表现很好，此时，适当地提示孩子，或先将我们观察到的跟他分享，是没问题的。

3.将完成的事情与角色联结在一起

此外，试着将孩子的所做所为与"特定的角色"联结在一起，孩子会更容易将对角色的投射放在自我上面。比如说：

> "你自己收玩具,都不用我帮忙!真是大哥哥了!"
>
> "你自己把学校发的通知拿给我签字,都不用我提醒,果然是二年级的大姐姐了!"
>
> "你帮着摆了碗筷,真是爸妈的小帮手!"

这些对角色的投射,也让孩子越来越清楚自己能够做成什么事情,也越来越能激发孩子主动做事情的动机。

不过一定要注意,不要将角色讲在前面,这样效果会完全相反。比如对孩子说:

> "你是大哥哥了,要自己收玩具!"
>
> "你是大姐姐了,大姐姐就要帮忙拖地。"

此时不但没有帮孩子建立角色,反而将孩子推向"角色刻板印象"中,不仅会增加孩子的焦虑——"我是大哥哥了,可是我没有自己收玩具,怎么办?"对激发孩子的动机也毫无帮助。

试想,如果孩子对你说:"你是妈妈,就该做饭给我们吃!"你会有何感想?

4.将要做的事情变成标准化流程

利用上面三个技巧来处理行为动机,虽然有必要,但通常也需花费很长时间。而要缩短上述过程,需要将要做的事情建立"标准化操作流程",也就是我们俗称的SOP(Standard Operation Procedure),这是一个不错的方法呦!

怎么做呢?以"回家之后要做的事"为例,有以下几点建议。

SOP的步骤先不超过三个,否则孩子可能会记不住

比如回家后的SOP:①要将鞋子放进鞋柜;②要将餐盒放到洗碗槽;③将书包里的作业拿出来。

建立SOP初期,父母一定要陪同孩子做一样的事

原因是在幼童的世界里,父母就是他们的"社会标准",我们做什么,孩子就会跟着做什么。这点也是许多家长容易漏掉而导致标准化操作流程较难成功的原因。

将步骤图像化或做成大字报,有助于SOP的建立

比如在鞋柜上贴回家三步骤的图片等。

当孩子越来越能够察觉是"自己"在做事,就会将一部分的注意力,放在"自己"的表现上。

此时,孩子可能会出现确认事情是否做好的举动(比如询问家长自己的表现),或者家长可以判断出当事情做得不好时,孩子会比以往更在意(出现懊恼、焦虑或试图改正等),以及孩子不会强调做完事一定要有奖赏。

当孩子出现上述这些行为表现时,恭喜您,您的孩子已经往下一个阶段迈进了!

内摄自律→认同自律

阶段(二)	阶段(三)
内摄自律	认同自律

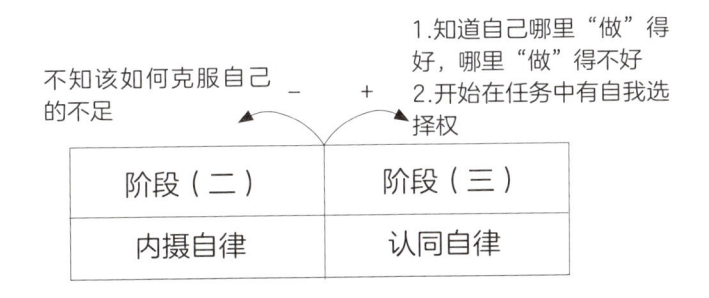

左侧(−):不知该如何克服自己的不足

右侧(+):
1. 知道自己哪里"做"得好,哪里"做"得不好
2. 开始在任务中有自我选择权

在"内摄自律"与"认同自律"中摇摆的孩子,会开始在意自己的表现,因此会希望家长对做得好坏与否给予回馈。

当孩子不知道怎么弥补自己的不足时,就会停留在内摄自律期;反之,当他们明确知道自己哪里做得不好,而且知道用什么方法可以弥补不足时,他们就会慢慢地往认同自律期发展。

在认同自律期的孩子,除了不需要家长的太多提醒之外,也会开始在任务中,建立更多自我认同的目标。

比如以往是爸妈让我收玩具我才收,现在会觉得"收起来玩具才不会丢"。

这些自我认同的目标,不是家长讲着讲着孩子就会相信,或者讲多了他们就会照做,而是要靠许多实际的引导才能够做到。至于如何引导呢?请参考以下的小诀窍。

1.从与孩子讨论任务目标开始

当孩子开始在意自己的表现时,其实他们大多数对自己表现的好坏还是很迷惘的,所以也不知道自己到底哪里做得好,哪里做得不好。

与其等事情完成后再与孩子讨论哪里需要改正,**不如在任务开始之前,就先和孩子讨论目标是什么。切记,一定要与孩子讨论,否则又会变成大人的目标,而不是孩子的。**

讨论的过程也很简单,重点不是孩子能不能够自己确立目标,而是有没有询问"你觉得今天做家务的目标是什么",以及最后确认"那我们今天的目标就是桌子底下也要拖到,你觉得可以吗"。

像这样在"共同确定"之下所建立"明确的标准",就可以让孩子知道"完成到什么程度"是做得好。

比如"在三十分钟之内完成家务"就比"有效率地完成家务"更明确;"玩具都放进玩具箱"就比"玩具要收好"更让孩子知道要怎么遵守,也可以让孩子更明确地知道自己还有哪些地方需要改进。

2.事情做完后,针对目标讨论"还有哪些可以改进呢?"

等事情做完了,就可以针对所定的目标进行讨论,知道"自己哪里可以改进",以及接下来要讲到的"怎样改进"。

3.针对要改进的部分,提供策略或一起讨论方法

到此,其实我们要增强的就是所谓的"自我效能感":**让孩子清楚地知道他的能力可以做到以及控制什么。**那么孩子会在这样的练习中,对自己正在做的事情越发肯定。

不过，大多数孩子遇到的瓶颈，并不是目标的制定或完成后的检讨，而是只在"想出解决办法"这一节点中。

而帮助孩子想出解决办法的部分，就让我们留到下一节再做更详细的说明。（P163）

4.在任务中，有更多可以自我选择的选项

在活动开始前，除了与孩子讨论目标之外，提供孩子能够自我选择的选项，也能够帮助孩子加速进入下一阶段。

不过自我选择的选项，可能与上一节"二选一"的选择有所不同，需要开放更多选择权让孩子自己选择。

比如做家务，小到想选什么拖把，拖几次完成；大到怎么分配工作，完成什么部分，都有讨论的必要。

如此，孩子在肯定"自己"完成事情的能力并且知道"自己"能够达成某些成就后，就会逐渐由"是大人要求我做事"转变成"我设定的目标或任务，我知道我可以做得到"，并在任务中找到自己认同的目标。

慢慢地，孩子对要做的事情会更有认同感，因此"是我自己想做"的成分也就会更多。

最后，在孩子往后的人生中，他将不断地碰到并不是自

己想做又必须做的事情。当这些情况出现时,我们不可能随时在孩子身边提醒他。

而我们前面的努力,能让"自动自发"不只是空想,而是与孩子一起努力才会有的收获。当我们只用打骂威胁或只用外在奖赏激励孩子时,这个目标就离我们、离孩子越来越远了。让孩子能够"自我决定",才是引导孩子的关键。

接着,让我们再利用下面的练习,进一步了解该如何引导孩子。

> 练习 8
> # 从外在动机驱使，转换成内在动机
> 建议年龄：四岁↑可

事件：收玩具。

起始状态：孩子收玩具，只是怕大人生气。（通常等到大人生气才收玩具）

【阶段一】从外律到内摄自律

> 说好拖完地，要让我看电视的。

即使是因为大人生气才收玩具，收完玩具后，一样可以根据下面的流程称赞孩子：

1.给予外在奖赏前，先肯定孩子已经完成的部分

"你把玩具都收进玩具箱里面了！好棒！那我们等会儿就可以读故事了！"

2.询问孩子自己觉得哪里做得很棒

"不过在读故事之前,你觉得你除了收玩具很棒之外,还有哪里做得好呢?"

许多家长看到这里可能想问,不过就是收个玩具而已,还有哪里可以看得出来做得很棒?

一定有的!找出孩子做得很好的部分,并加以鼓励,这些是家长可以做到的。

比平常收得快、没有很用力地摔玩具、收玩具前会跟弟弟妹妹分工、玩具有分类、收完玩具会找爸爸妈妈检查等,只要孩子做到了,都是可以大力称赞的。

3.将完成的事情与角色联结在一起

"你今天收玩具很温柔,都没有乱扔玩具。你长大了,现在是会爱惜玩具的姐姐了!"

4.将要做的事流程标准化

"那我们一起来看一下我们该做的事情。第一,爸爸妈妈提醒后再玩三次,就要开始收玩具。第二,收起玩具。这两点你已经做到了!接下来,第三,去洗澡。走!我们一起选今天要用哪种沐浴乳!"

【阶段二】从内摄自律到认同自律

> 你觉得我认真吗?
> 地有没有变干净?

当上述的引导重复几次之后,孩子会开始出现"询问自己玩具有没有收好"的情况,大人生气才收玩具的的情况出现的频率降低后,我们就可以开始准备进入下一阶段的引导。

1.从与孩子讨论任务目标开始

"你觉得我们今天收玩具的目标是什么呢?"

不管孩子的回答是需要多长时间完成,或是玩具要怎么分类,都可以。

2.事情做完后,针对目标进行讨论

目标达成:称赞及鼓励,或者讨论是用什么方式做到的。比如说,因为没有跟妹妹抢玩具,所以收玩具在预规定时间内完成了。

目标未达成:先跟孩子说爸爸妈妈不会生气,但我们要

一起讨论用什么方法可以达到目标。

3.针对要改进的部分，提供策略或一起讨论方法

"今天没有在预定时间内完成没关系，我们可以试试下次玩之前，先找一块垫子，在垫子上面玩。这样等你要收玩具的时候，只要把垫子提起来就收好啦！"

4.在任务中暴露更多可以自我选择的选项

"你想把玩具收进哪个箱子呢？"

"你想先收哪个玩具呢？"

【阶段三】从认同自律到统整自律

> 拖完地，地变得真干净！躺在上面真舒服！

这里要特别说明一下，虽然理论中提到了下一阶段——"统整自律"，但实际上，孩子能够自觉洗澡、做家务、收拾衣物、洗碗等已经很不容易了，我们没有必要让孩子喜欢上

每一件事，所以就不再延伸讨论了。

此外，当我们能引导孩子在做事中找到自己的目标，我想，我们与孩子一起收获的事情，并不只是喜欢上做家务，而是让他们找到自我激励的"燃料"。

实际演练一次吧！

---

1. 事件：_____。
2. 起始状态：_____。
3. 引导【阶段一】

（1）给予外在奖赏前，先称赞孩子已经完成的部分：____
_____。

（2）询问孩子哪里做得很棒：_____。

（3）将完成的事情与角色联结在一起：_____。

（4）把要做的事情变成标准流程：_____。

4. 重复上面的步骤，等孩子出现以下情况后，就可以进入下一阶段了：

☐ 会主动询问自己的事情有没有做好。

☐ 大人生气才收玩具的情况出现的频率降低。

☐ 完成事情后，不再强调自己没有得到外在回馈。

5.引导【阶段二】

（1）与孩子讨论目标：_____。

（2）事情做完后，针对目标做讨论：_____。

（3）针对要改进的部分，提供策略或一起讨论方法：_____。

（4）在任务中给予更多可以自我选择的选项：_____。

2-8 自我动机系统：孩子失去学习热忱怎么办？

他说想学，我才让他学的啊！

一位家长的困扰……

孩子说他不想上才艺课，就不让他上吗？

不行 就该让他坚持 → 可是 他也没心学了

好 就不上了 → 但 他会不会从此学会放弃？

即使没有大人的引导及鼓励，孩子也容易被新奇的东西吸引，而"主动地"想要进一步探索，或用"玩玩看"的心态对待新的事物，但也因此引起许多家长的抱怨：

"老师，明明是他说要学钢琴的，我们也没逼他，但学了几堂课之后，又跟我说不想学了。孩子

> 嘛，三分钟热度或有些三心二意很正常，我也可以理解。但我该不该继续让他坚持呢？
>
> "我担心如果答应他不学钢琴了，那是不是教会他不想做的事情就可以放弃？
>
> "可是，如果继续逼他，他也没有意愿继续学，根本也学不会什么东西！"

不只是学钢琴，许多其他事也一样。比如，看到魔方跃跃欲试，却在试了几次之后，发现无法拼成就兴趣骤减；在学期初发愤图强，规定自己每天要背十个英文单词，一开始做着精美的单词卡，后来因为单词卡丢失而完全放弃；或一开始被电视上游泳健将的泳姿吸引，到最后练习游泳竟是因为练完可以吃麦当劳。

但也有些事情却完全相反。比如，连大人看了都头晕的一千块拼图，孩子却可以花两三个小时、一动也不动地完成；明明没人教，孩子也会绞尽脑汁，开发各种玩公园游乐器材的方式；明明看不懂日文，却因为喜爱动漫角色，让爸妈买日文杂志，一边用着翻译器，一边津津有味地读着。

"一开始有动机"的事，为什么有些能持续，有些却无疾而终？是什么影响了这些事的走向呢？是"学业"与"游戏"的差别吗？但明明孩子一开始都想要呀！我们怎么做才能补足孩子的动力呢?

这个问题,或许可以从"学习动机"的发生与延续来解释。

有学习动机:需要延续型

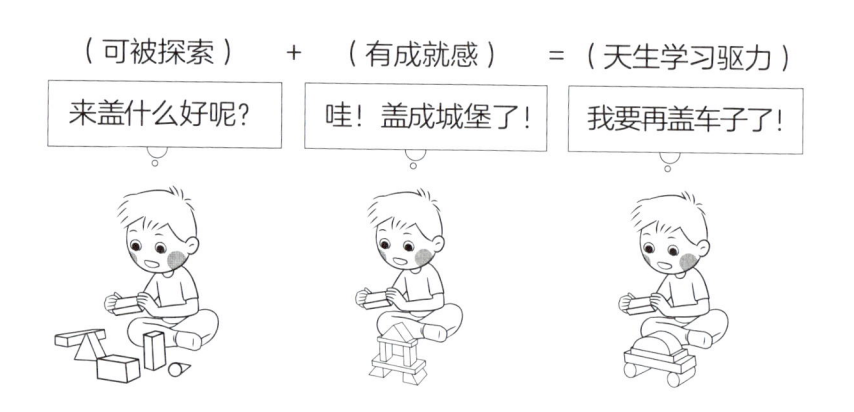

(可被探索) + (有成就感) = (天生学习驱力)

来盖什么好呢? ｜ 哇!盖成城堡了! ｜ 我要再盖车子了!

我们的大脑,会自动地对一些事物进行价值排序,而事物一旦被赋予了"价值",就会正向强化我们的行为,以让我们追求或想要继续得到这些事物。比如:前面提到的食物、对新事物的探索、形成依附关系等。

而此刻要讨论的"学习",刚好就有许多价值回馈的要素包含在内,因此前面的分类,才会将促进学习的动机本质,归属在先天驱力（天生就想要）上，也就是说，我们不用逼孩子，孩子自然就想要学，想要探索！

至于学习过程中，又有哪些价值回馈的要素可以当作驱动的"燃料"呢？首先，**"能够探索新事物"当然是学习动机的第一动力来源了！**想想孩子看到新玩具时发光的眼神，或是第一次用手指在琴键上弹奏时的雀跃神情。

此外，由于在学习的过程中需要突破层层关卡，才能获得新技能、新知识，**因而突破关卡所带来的"成就感"，会是学习的另一项动力来源！**

而不管是"探索"，还是"获得成就感"，大脑都会在这两件事发生时，自动地回馈，让我们觉得快乐，我们也会觉得这些事有价值。

在"探索关卡→突破关卡→探索关卡→突破关卡……"的循环中，学习就这样被层层推进，直到我们觉得没有什么新东西可探索，或遇到无法克服的困难，导致我们无法从学习中获得成就感为止。

这也回到一开始家长的困扰："明明孩子一开始有兴趣呀！怎么突然就说不学了？"

孩子一开始的兴趣的确是真的，因为这件事有他们想探索的部分，但一旦他们发现没有探索的必要或是遇到无法克服的困难，**就会出现学习动机无法延续的情况。**

此时，若大人只凭借最初的兴趣或决定来引导孩子，比如跟孩子说"这是你自己选的""你不是很喜欢吗"等，而并没有解决问题或协助孩子发现可以继续探索的地方，那么孩子的学习动力也不可能会延续。

接下来，就让我们针对"探索"及"成就感"这两个方面来分析，看看我们怎么协助孩子重新点燃原本的学习热忱。

影响孩子"探索"动力的因素

1.给予物质性的外在回馈会减少学习动机

吃美食　　玩游戏　　盖好宝宝章　　玩玩具车

为了激发孩子的学习动机，许多家长最常做的事就是给予物质性的外在诱因。比如允诺他弹完钢琴可以吃麦当劳，或是读完一本课外读物后可以看电视。

一旦开始这么做，虽然初期的效果会很好，但孩子对学习这件事的期待，就会转向"外在的物质回馈"，而不是学习本身。

换句话说，孩子学习不再是为了探索想要学习的内容，而只是为了之后的奖赏。此时，一旦孩子发现没有回馈了，他们对要学习的内容就会变得缺乏兴趣，从而失去探索的动力。

因此，虽然前面说"行为类事件"初期可以给一些外在回馈，**但"学习类事件"就不建议这么做了。**因为一旦给了物质性外在回馈，孩子就会因为失焦而失去探索的欲望，反而得不偿失。

不过，从别人身上获得的外在回馈，其实也是有区别的！前面所提的食物、电视、玩具，就属于"物质型"外在回馈，而还有**另一种"社会性"的外在回馈，反而大有裨益。**

2. "社会性"的外在回馈可以增加学习动机

心理学家爱德华·迪西（Edward Dixie）在1971年发表的论文中，设计了一系列著名的实验，目的是看不同的外在回馈对学习的影响。

他将受试者分成"物质回馈组"（给钱）与"社会奖赏

组"（给称赞）两组，并要求这两组进行三次任务。任务内容都是"解题"，完成后再依组别给予不同的外在回馈。

实验结果表明，"物质回馈组"的受试者在拿到钱后会花更多时间参与解题，但一旦不给钱了，他们参与的时间就立刻减少。

另一方面，"社会奖赏组"的参与度也在给完称赞后有所提升，但与"物质回馈组"不同的是，在接下来不给称赞的阶段，这一组参与度竟未因此降低。

换句话说，如果给的是社会性增强，那学习动机将有机会被"强化"，且即使没再给称赞，学习动机也能"延续"。

明明都是外在回馈，为什么会有如此大的差别呢？

其实"物质型"与"社会型"外在回馈的不同在于，**"物质型"外在回馈将我们的注意力导向"外在回馈"上，因此会让我们失去对活动本身的探索兴趣；而由于"社会型"外在回馈的称赞是回馈"我们"正在做的事，所以不仅不会将注意力导向外在，还会帮助我们看到"我们"正在进行什么探索。**

而这也是一定要称赞孩子的原因。我们给予"社会型"外在回馈时，孩子本身探索该"事物"的学习动机不但会有所提升，而且即使不是每次都有社会回馈，学习动机一样可以被延续。

不过，简单的称赞，也有需要注意的地方。比如称赞孩子时，**要说出称赞他的原因，原因通常只描述行为即可。**

比如说："你今天练琴比平常多练习了十分钟，你想把不熟练的地方练好对不对？你真的好棒！"孩子才知道自己该去注意什么事情。

此外，若只是对孩子进行"你好棒"这样的"谜之称赞"，会让孩子无法根据社会回馈来评估自己的能力，也有可能导致自信心过高。

3.学习要有目标

我们一开始会被某些事物吸引，是因为觉得有值得探索的地方。而当我们觉得探索似乎已经完成时，就会对这件事失去兴趣。

这解释了有些孩子在课堂上不专心听讲，问他为什么不专心时，他会说："因为我都会了！这个太简单了！"

但每一个"学习事件"都一定还有我们还没探索到的部分，或可以延伸学习的部分。当孩子失去学习动机，是因为觉得都会了，不值得再探索时，帮助他们找到可以继续探索的目标就很重要。

给大家提供一个小诀窍，**"潜移默化"地让孩子看到值

得仿效的模范，让孩子觉得有必要再继续探索下去，将会比"直接说"要孩子确立一个新的目标有效。

比如孩子学会弹曲子了而不想再继续练习钢琴时，让孩子看许多优秀的钢琴演奏或音乐影片，就能够达到"暗示性"的激励作用，像《海上钢琴师》《寻梦环游记》等都是很好的选择。

当孩子从中了解到还有值得探索的部分时，家长再与孩子沟通下一阶段的目标。此时，孩子会意识到还能继续探索而重新点燃学习热情。

但要注意，要避免一开始就制定太过远大的目标，否则孩子会因无法达到而容易放弃。

影响孩子获得"成就感"动力的因素

大多孩子失去学习热情的原因是遇到无法克服的困难，因为不知道该如何努力才能跨越到下一个关卡，所以就会失去继续前行的动力。

此时，如果我们能帮助孩子克服困难，孩子就能从解决问题中获得快乐和成就感，这会成为他继续学习的动力。

但协助孩子解决问题通常相当棘手，且要尝试多次才有可能成功。接下来就让我们来讨论一下协助孩子解决问题有哪些要注意的地方吧！

1.当孩子遇到困难时，一定要先称赞他"已经完成的部分"

详细内容请见P148。

2.同理孩子的情绪

"我知道你现在遇到困难很难过（生气／沮丧／想放弃），有这样的情绪很正常啊！如果我遇到困难我也会很难过。但你不用担心，我会陪着你想办法解决问题的！"

3.试着与孩子厘清问题

即使我们觉得问题很明显，或我们觉得孩子知道问题是什么，但还是建议让孩子将问题说出来，或家长协助把问题重申一次。

原因是孩子对因果的判断尚未成熟，或者问题会因我们没有在第一时间处理而变得复杂，也有可能被其他发生的事件掩盖等，因而需要其他人协助将问题再次厘清。

比如孩子明明是搞不懂数学算式怎么算，但教着教着，孩子还是不会，于是家长开始生气，然后孩子就开始闹情绪说不想学了，反而演变成亲子冲突。

但究其根本，其实是数学算式不会。因此协助孩子厘清问题，除了对孩子来说很有必要，家长们也可以趁机冷静一下。

4.提出解决策略

这个环节就是成功的关键了！

许多家长会反映："明明我都给孩子提供了解决策略啊！为什么孩子就是不听或不接受呢？"孩子会出现这样的状况，很可能是前面的环节有遗漏。

比如当我们没有提醒孩子"他已经完成的部分"时，孩子仍会觉得自己很糟糕。若此时我们又一味地提供解决策略给他，孩子只会感到自己是无力的，需要帮助的，所以他们会想拒绝我们的协助。

而提供解决问题的策略，也是有些诀窍的。

避免无效策略

所谓的无效策略，其实也是家长最容易给出的建议，比如："你再试试看""你就是不够专心""你再快一点就好了""你要写漂亮一点"等。

先不说孩子能不能理解你所谓的"专心""快一点""漂亮"是什么意思，孩子如果可以做到这些事，那还需要我们将这些策略再重申一次吗？

此外，如果我们只是要求孩子再试一次，而没告知哪里需要修正和调整的建议，那孩子可能只有靠运气才能成功。

如果要避免无效策略，就要明确地与孩子谈一谈策略上的建议。比如将"你要快一点"修正成"把公式写在考卷上面，我们就不用每次都想公式了，这样就可以快一点完成"；或将"你要专心一点"修正成"我们用手指指在句子下面，看看念到哪里了，这样就不会漏掉了"。

依孩子的年龄，调整提供策略的方式

不同年龄的孩子，认知能力发展的成熟度不一样，这也会影响到孩子能否自己想出策略来解决问题。

尤其与解决问题有关的"认知弹性"能力要到六岁才会有突破性的发展，因此大家在引导孩子时，也不要忘了根据年龄做调整。

年龄	解决问题的能力	建议的引导方向
四岁以前	因果联结的能力尚未成熟，所以很多时候孩子不知道自己的问题是被什么事件引发，也不知道该解决什么问题	1.让孩子知道自己的问题是被什么事件引发的，并试着让孩子以因果句："因为……所以……"将事件与问题联结在一起。 2.鼓励孩子在遇到问题后，试着"向大人求助"。这样也可以借由大人的协助避免产生"无助感"
四至六岁	孩子开始发展"执行功能"，但因为还没有很成熟，因此碰到问题时，还不太会转弯，或不能提出适合的解决策略	由于孩子的能力尚在发展中，建议在讨论后，由大人提供解决策略，再让孩子试着用这种策略解决问题
六岁以上	孩子的执行功能已经相对较为成熟，也较能够组织出完整的句子进行"沟通协商"，可以让他们试着自己找方法脱困	试着让孩子自己提出解决策略

过程中需要重申问题

当问题没办法一次性解决时，就会有很多次试错的过程。在此过程中，孩子要面对来自大人的压力，调节自己遇到挫折时产生的负面情绪，还要记得试过哪几种方法，到底要做什么样的修正等。

面对这么多需要注意的地方,孩子难免会出现注意力导向错误的情况,因此可能越处理问题,越不知道自己在处理什么。

当发生这样的情形时,将前面我们所厘清的问题以及解决策略再重申一次,就是帮助孩子将注意力导向到焦点的好方法。

"我知道你已经试过很多次了,你也因此有点生气。生气很正常。要是换作我,我也会生气。但我们现在要解决的,是挥拍时打不到球这个问题。没关系,我们再试一次,一起数到三然后挥拍。"

重申问题的好处,除了协助引导注意力之外,还可以**帮助孩子知道自己现在的努力是有终点的。**走向终点的过程虽然有些曲折,但并不是毫无止境地重复,只要将问题解决就会结束。

5.让孩子自己解决问题

最后,就是让孩子自己用这些策略解决问题。但也像上面提醒的,孩子可能要多试几次,才能想出办法解决问题。

此时不要忘了，我们要教孩子的不是失败很可耻，而是克服困难很快乐。

而当孩子真的解决了问题时，我们也不要将孩子克服困难视为理所应当，而是要大力地称赞他："你能独立解决问题了！真的太厉害了！"

练习 9 陪着孩子解决学习困难

建议年龄：四岁↑可

再次提醒大家，所谓学习上遇到的困难，不仅仅限于"学业"，而是泛指所有与学习有关的事件。

你可以选择孩子在数学、语文、英语等科目遇到问题时来着手解决。弹钢琴、游泳、手工艺等才艺，也都是家长可以发挥的学习类事件。

Step 1 找出孩子遇到困难的学习类事件：_____。

Step 2 称赞他已经完成的部分：_____。

Step 3 同理孩子的情绪：_____。

Step 4 试着帮孩子厘清问题：
孩子在四岁以下：你现在遇到的困难，是因为_____。你可以自己再讲一次吗？

孩子在四至六岁：你可以想一下你现在遇到什么困难了吗？（此时也可以给选项，比如"你觉得是因为自己没力气，还是情绪不好"等。）

孩子在六岁以上：建议让孩子自己厘清问题。

Step 5 提出解决问题的策略（避免无效策略）：＿＿＿＿＿＿
＿＿＿＿＿＿＿＿＿＿＿＿＿＿＿＿＿＿＿＿＿＿＿＿＿＿。

我想用＿＿＿＿＿＿来解决＿＿＿＿＿＿问题。

Step 6 让孩子自己解决问题。（过程中可适当重申问题）

第三章
情绪发展需求

面对情绪，了解情绪要告诉我们的事

3-1 为什么我们会有情绪？

家长的烦恼：孩子，你为什么不再向我吐露心事？

儿子上小学后，就不再跟我分享他的心情了。但他不是一生下来就这样的，他也曾跟我分享过他的生活。

升小学前的暑假，我带他去上了大家说上小学前一定要上的正音班。

"上了这个就会变成小学的大哥哥了，对吧？"

他开心地跟我说，而我看着他背着书包的背影，真的很期待他长大。结果第一天回家，他却对我说他不想再去上课了，老师很凶，每天还要考试。

> "不行!你是要上一年级的哥哥了啊!怎么能因为这点小事就放弃?而且老师打你了吗?罚你留下来考试了吗?爸爸常说什么?吃得苦中苦,方为人上人!"

虽然儿子撇了撇嘴,但还是在我的命令下一把鼻涕一把眼泪地练习着。我想,过十几年,等他当爸爸以后,一定会理解我这么做是为了他好。

后来儿子果然不负众望,不仅从来没被留下来补考过,老师还说目前为止他的成绩是全班第一名。

我骄傲地跟儿子说,看吧!只要努力,就会有好结果!当你爸爸脸上真有光!但儿子只是对我笑了一下,而且我总觉得,这个笑容对当时的他来说,好像有点太过成熟。

好像也就是这个暑假之后,儿子就不太跟我分享他的生活了。

> "是他长大了吧?"

我在心底默默地安慰自己。但又有个小小的声音在对我说,会不会是我把儿子推开了呢?

情绪是什么呢？

在这章开始之前，我们先来完成几个句子。

请大家不要多想，按照自己的直觉将下列的句子填写完整。

完成下列句子

1. 我觉得情绪是一种_____。
2. 我希望我的情绪状态能够_____。
3. 当我有情绪时，我通常会_____。
4. 看到别人有情绪时，我会觉得_____。
5. 每次我情绪反应结束时，我会对自己说_____。
6. 我觉得情绪给我最大的帮助是_____。

上面的句子，是为了在这章开始之前，大家能先将对情绪的了解及看法留在这里，以便我们在看完这章的介绍后，可以回过头来看看自己对情绪的"解读"，是否是我们引导孩子情绪中的盲点。

在我们刚出生还没有任何语言能力时，似乎就会在特定的情境下，表达特定的几种情绪。如看到父母时会开心；察觉照顾者不见时会害怕；本来跟照顾者玩得很开心，但互动停止时会难过；吃到味道不喜欢的食物时，会因讨厌而拒绝再吃；得不到想要的东西时会生气；等等。

而就在这些情绪的"先天程序"被特定情境启动时，科学家发现，我们的大脑也会有相对应脑区的活化。比如当婴儿看到爸爸妈妈消失在视野里时，大脑中的杏仁核就会开始启动，并伴随着心跳加快、血压升高、呼吸急促等生理反应的出现。

不仅如此，有研究结果显示，前脑岛损伤的病人，会较难表现出讨厌或缺乏感知厌恶的能力；而在面对羞辱而感到生气时，眼窝前额叶皮质会活化；前扣带回皮质被认为与难过有关系；等等。

"特定脑区的活化，得以让我们产生不同的情绪反应"这个发现似乎很合理，并被大家讨论及研究，许多科学家也发现，这些脑区活化的时候，并非每次都伴随着情绪反应的发生，而是在某些特定的情境中有所反应。

以杏仁核为例，它不仅仅会在恐惧的情境中活化，而只要环境出现外源性且明显、不确定的刺激源时，这个脑区就会启动，以让我们将注意力导向到该刺激源上，或有所警觉。

比如环境中出现蛇和不知名生物时，都会诱发杏仁核的反应，但蛇已被认为是与危险相关的生物，杏仁核的活化会快速且自动地启动"战斗—逃跑"的反应，这也是我们产生恐惧情绪的时刻。

但如果今天我们遇到的是后者，这个我们从来没遇过的生物，身上也没有任何的特点能判断其是否具有危险性，杏仁核也会活化，而目的就是让我们提高警觉，提高注意力，直到搞清楚这个生物究竟意欲何为。但初期，我是不会有恐惧情绪的。

眼窝额叶皮质区，则是我们遇到需要整合"内源性刺激与外源性刺激"的情境时会活化的地方。而刚好，生气的情绪，就是在内在需求与外在事件不一致时产生的。

例如想要看电视是一种内在需求，妈妈不让我看电视是一种外在事件，当这两者不平衡时，就出现了生气的情绪。

至于与难过有关的前扣带回，对我们"调解内在感觉"至关重要，因为失去、失落而出现的哭泣、流泪等行为，本身就是一种减轻压力的疗伤机制。

因此，当我们跳脱情绪，再检视这些脑区时，情绪的本质，似乎就更清晰了。

大脑的各个脑区，本身都具有对特定情境反应的特质，而当情境中的特定刺激经整理后不具有特殊意义，当然就没事，但一旦这些刺激"大"到会引发不同的生理反应，这时的生理变化也就是我们后续感觉到的情绪。因此我们可以说：**"情绪的本质，其实就是我们身体为了回应不同情境，预先准备好的状态。"**

这些预先准备好的状态，可能因为不同的情境有不同的表情变化、不同程度的注意力导向、或高或低的觉醒程度、趋近或趋避的行为表现。

情绪的本质：在不同的情境下，身体的预先准备状态

基于上述，情绪的本质其实就是"身体在我们意识到之前，基于不同的情境预先准备好的状态"。

由于这个过程是无意识且自动化的，因此我们常听到：要学会"控制"情绪，这其实是不对的，因为我们无法也无从控制我们的身体状态。

虽说我们无法控制情绪，但我们可以学习如何面对和调节情绪。调节情绪后，等到下次类似情境发生时，"原始情绪"才不会因为累积而出现过激反应；或者由于我们有策略

地解决情境事件，"原始情绪"就不会再是我们首要的反应方式。

不过，要做到上述所说的情绪调节，我们首先要做的，是带着孩子学会"面对"和"接受"情绪。

面对情绪，才知道情绪想告诉我们什么。是我内在的需求没被满足造成的吗？是因为过去让我不舒服的经历让我想要逃避？是我现在很受伤，所以我需要疗伤？

还在跟孩子说"你生什么气""有什么好哭""胆小鬼才害怕"吗？或许我们可以试着做的事情，就是同理孩子的情绪，让孩子面对、接受自己的情绪。

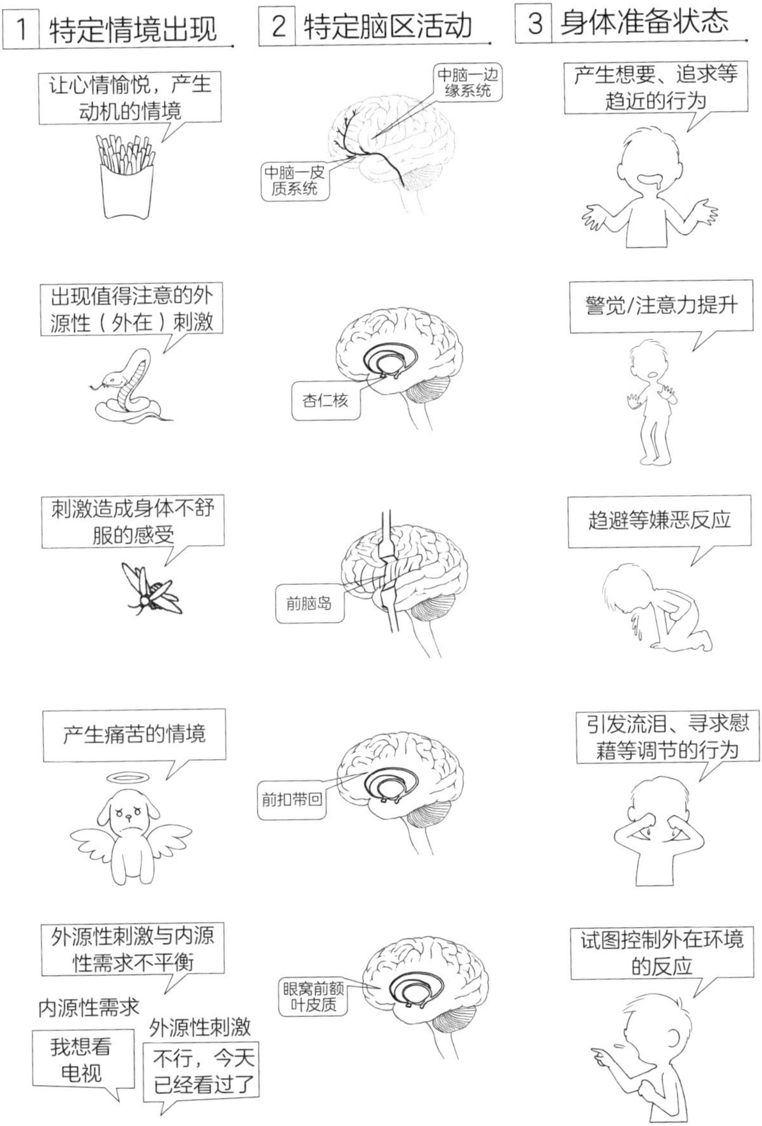

第三章 情绪发展需求

1 特定情境出现	2 特定脑区活动	3 身体准备状态
让心情愉悦，产生动机的情境	中脑—边缘系统 中脑—皮质系统	产生想要、追求等趋近的行为
出现值得注意的外源性（外在）刺激	杏仁核	警觉/注意力提升
刺激造成身体不舒服的感受	前脑岛	趋避等嫌恶反应
产生痛苦的情境	前扣带回	引发流泪、寻求慰藉等调节的行为
外源性刺激与内源性需求不平衡 内源性需求：我想看电视 外源性刺激：不行，今天已经看过了	眼窝前额叶皮质	试图控制外在环境的反应

练习 10 同理孩子的情绪

建议年龄：两岁↑可

让我们先通过同理情绪练习，来帮助孩子面对自己的情绪。

Step 1 询问，辨识情绪

你现在心情怎么样呢？可以跟我说说你的感受吗？你是不是觉得（难过、开心、沮丧等）？

Step 2 事件联结，知道自己的情绪因何而来

你感觉（心情）是因为（事件）吗？

我知道了，你因为（事件），所以感觉很（心情），对不对？

那你可以跟我说你心情不好的原因吗？

接着，从下表列出的基础情绪中，利用句型让孩子知道自己情绪状态被接受、被同理，以帮助孩子面对自己的情绪，并在完成后于方框中打勾，直到基础情绪全都完成。

这里列出的句型只是方便各位爸爸妈妈参考，各位爸爸妈妈可以试着找到最适合与孩子沟通的方式。

Step 3

□ 生气

因为（事件）觉得生气很正常。你能说出来真的很棒！让我们一起来想办法解决，才不会一直生气，好吗？

我知道你因为（事件）而生气。谢谢你信任我，愿意跟我说。没问题，我们一起来想办法解决。

□ 难过

因为（事件）而感觉难过很正常呀！换作是我也会难过。你那么难过，我抱抱你好吗？

难过的时候流眼泪很正常，有时候哭完会比较舒服。你需要我陪着吗？还是自己静一静？

□ 害怕

我知道你很害怕（事件或物品）。虽然害怕，但你还愿意跟我说，真的很勇敢！不用担心，爸爸妈妈不怕，我们可以保护你！

天啊！听你这样说，我也觉得很可怕。但你现在不是一个人，我会在这里陪着你。

□ 讨厌

是不是因为（事件），所以你不想碰到（事件或物品）呢？这样的感觉叫作讨厌。如果（事件）发生，你有讨厌的感觉是很正常的。

3-2 为什么我们会有情绪呢?

脑部对情绪的影响——艾略特的故事

知名的西班牙裔美国神经科学家安东尼奥·达马西奥（Antonio Damasio）在1985年发表了一位脑伤病人的研究报告。并希望借由对这位病人——艾略特的讨论，厘清如果我们没有情绪的话，会对生活造成什么影响。

艾略特在脑伤前，有稳定的工作，在工作上的表现可圈可点，同时他也是一位模范丈夫。然而，他经常头痛，经检查发现自己脑部有肿瘤，然而医生进行切除时，不小心伤及了他前额叶（大脑前端）的部分脑区。

即便如此，这次的切除仍被认为是一次成功的手术，因为后续的测验说明艾略特的神经功能"似乎"一切正常。

他的智商未受影响，也可以像往常一样思考，能记得短期或长期的事，且通过了记忆力测验，甚至能进行复杂的数学计算。不仅如此，他清楚地知道自己该完成什么工作任务，回到工作岗位对他来说应该不算困难。

但，他的生活却在手术后完全变调了。

他负责的工作项目不是未完成，就是需要修正。艾略特甚至会花一下午的时间，去决定文件该如何分类，而他最终被公司辞退。

时常发生的失控不仅导致他与太太离婚，甚至他在离婚后不顾家人的坚决反对再婚，最后也以离婚收场。

至于个人的财务状况，也因为让自己卷入不当投资中，而宣告破产。不幸的是，因为他提供不出任何"大脑损伤"的证明，因此政府也拒绝给予他任何补助。

而就在种种生活"脱轨"事件发生后，艾略特被转介到神经科学家达马西奥手上。

> "在与他进行的很多个小时的对话中，我没发现他有任何情绪的表现，他既没有悲伤，没有不耐烦，也没出现沮丧。"

随后，达马西奥让艾略特看一系列有情绪内涵的图片，比如火灾发生现场，因为溺水而挣扎的人，可怕的意外事故等。

对于这些本该引发观看者情绪反应的图片,艾略特却描述:"我知道这些图片过去在看的时候,会带给我很大的情绪反应。但现在,我却没有什么感觉。"而以上的种种,似乎表明了艾略特可以描述事件,也知道发生什么事,却无法"感觉"这些事。

换句话说,艾略特因为脑伤的原因,丧失了感知"情绪"的能力。

情绪与决策的关联

达马西奥为了进一步厘清"丧失感知情绪的能力"与艾略特目前生活状态的关联性,他让一群与艾略特状况类似的病人参与了模拟赌博的实验,并与对照组做比较。

实验是这样设计的:开始前,每位受试者都会被给予一笔赌博的筹码,并告知在实验过程中,他们的任务是尽可能地赢得更多钱。

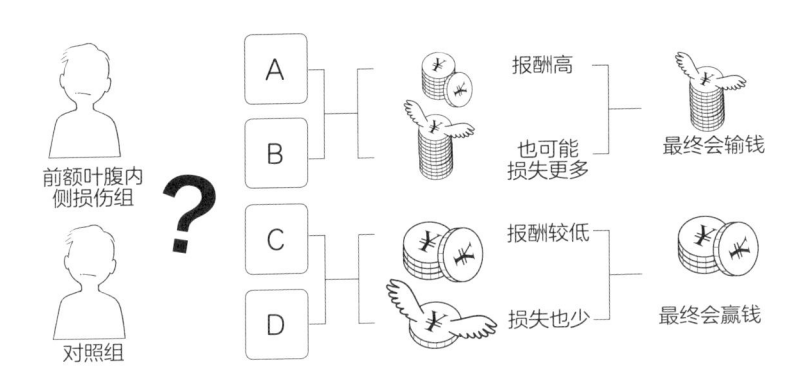

而在实验中，他们被告知可以选择四种类型的卡片，并获得或损失筹码。实验的特别之处就在于，受试者们一开始并不知道A、B、C、D空格哪一个选项属于哪一类，因此他们会不断地尝试，直到弄清楚规则。

实验结果表明，就大部分的人而言，他们在一开始试了几次之后，就会慢慢地察觉："A和B是危险的赌注！"因此在不知道会玩几轮的情况下，他们会更倾向选择打"安全牌"——选择C和D。

而前额叶腹内侧损伤的病人呢？他们在一开始尝试几次之后，开始做出与一般人完全不同的决定：他们更倾向投注于A和B中。

高报酬的投资也伴随着高风险，而结果就是，这些病人们几乎在游戏玩到一半时就破产，而需要跟施测者再借一些筹码。

艾略特也是一样，甚至不管玩几次，或过一会儿再玩，他仍会做出同样的决定而让自己破产。

这种不会从"错误经验"学习而产生的结果，也跟他的日常生活一样，充满着"不理性"（让自己破产）、几乎可以说是"匪夷所思"（让自己卷入不当投资中）的决定。

为什么会这样呢？

经过更进一步的实验，达马西奥发现这群前额叶损伤的病人，正因为脑部损伤，**而无法感知自己的"情绪状态"，因而影响了他们的"决策历程"。**

比如说，我第一次不知道选择A和B会发生什么事，所以只能尝试选这两个来看看结果如何。由于A和B是高风险选项，结果我在几次的选择中，不仅没拿到钱，还要赔一大笔钱。此时我开始紧张了，紧张是不是选A和B就会让自己暴露在危险中。

因此，下次我就会更小心翼翼，或干脆避免选择A和B。此时我们也因为A和B会带给我们紧张的情绪感受，因此赋予这两种选项"危险！需要避开！"的标签。

但如果，我们因为前额叶损伤，无法感知自己紧张的状态呢？这时，我们就会在每次的决定中，失去被自己"情绪"提醒的机会。

没了情绪的提醒，我只会想到可能会有高报酬，因此即使现在的选择会让我失去一大笔钱，我也不会紧张，就好像大家说的不痛不痒一样。但我真的不痛不痒吗？没有啊！我最后破产了！

但没有了情绪提醒，选项就只是选项，不会被赋予任何价值，因此也不会成为我下次做决定的依据。

换句话说，艾略特日常生活偏离轨道的原因，就是他无法感知情绪。在没有情绪帮助赋予事件价值的情况下，人最终会空有理性却无法做出任何科学决策（或做出匪夷所思的决策）。

举个更生活化的例子，比如对大家来说中午吃什么都行，但我今天就觉得吃"鸡肉"比起"牛肉"更让我开心，所以我选择了鸡肉。

能够做出选择的原因，就是因为鸡肉被赋予了"让我开心"的价值。但艾略特就不一样了，他可以列出午餐名单

（理性认知历程），但也会花一个下午的时间，考虑每间餐厅的菜单、灯光、位置，最后却什么也决定不了。因为每个选项就只是选项，没有哪个选项让他有感觉，也就无法决定。

上述状况其实也在说明**情绪并不是理性思考的敌人，**所以我们不仅不需要摒弃情绪，也不必因为自己有情绪而觉得可耻。

事实上，如果你空有理性思考而无情绪，那么，你的"决策过程"将会异常困难，并导致你无法做出决定（无法赋予事件价值），或时常做出错误的决定（前一次的情绪价值无法当作下次事件学习的基础）。

引导孩子情绪的关键

在继续下去之前，我们先来整理一下。

前文中，我们了解到了情绪的"本质"，是针对不同情境，我们预先准备好的生理状态。

这些生理状态出现的"目的"，就是赋予事件不同的价值，好让我们可以根据这些价值快速地做出决定。

由于不同的基础原始情绪会引起不同的身体状态，因此赋予事件的价值也不一样，当然也会促使我们做出不同的决定。

大家不妨把这样的思考模式当作引导情绪的开始。既然情绪出现的目的之一就是帮助我们做决定，那我们即可在让孩子学会如何面对自己的情绪之后，让他学会如何做出"引导后"的决定。

比如开心的情绪，原始情绪赋予的事件价值是："这个东西会让我开心，因此我还想要！"但如果放任"我还要"的决定不管，孩子就有可能被"追求欲望满足"牵着走，因此在想做什么就做什么的感觉中，做出不顾老师还在上课就跑出去玩的举动。

若要避免这种情况发生，我们可以在孩子出现"我还要"的决定后，让他知道"可以是可以，但要等一下"。

而"让他等待"的引导，就是在带领孩子练习"延迟满足"："我知道这件事会让我开心，因此我还想要。但我知道，我不能随时想要就要。有时候，我需要学会管理好我的欲望。"

不同情绪的本质也不同，因此协助做出的决策也不一样。

总结而言,我们可以用以下的表格,完成我们对情绪的想象,以及初步了解该如何引导陷入情绪中的孩子。

基础情绪	脑区/回路	情绪的本质(身体准备状态)	情绪的目的		情绪的引导
			赋予事件的价值	促使做出的决定	引导做出的决定
害怕/恐惧	杏仁核	注意到外源性刺激,并将注意力导向到这个刺激源上,以及启动战斗或逃跑模式	危险	我要逃跑!	学会预期
讨厌/恶心	前脑岛	察觉内源性不舒服的感受,以进行趋避	生病、不舒服	我不要再碰到!	保护自己
生气	眼窝前额叶皮质	内在需求与外在环境不平衡,因此会试着改变外在环境,使其符合自己的内在需求	失去控制	我要控制!	解决问题
难过	前扣带回	调节内在感觉,以减轻痛苦	失去、受苦	寻求慰藉或减轻痛苦	寻求协助
愉悦/开心	"中脑—皮质"以及"中脑—边缘系统"	引发动机,让我再次寻求这个刺激	动机	我还想要!	延迟满足

不过要提醒各位，这里列出的不是唯一的决定。而前面不管是关于"情绪本质"还是"情绪目的"的讨论，也不仅限于上述表格中的目的或价值。

希望各位家长看到这里可以学到，当我们面对孩子的情绪时，不要只让孩子忍耐，或让孩子觉得有情绪很可耻。而是让孩子学会"原来只有面对情绪，才有可能让我们做出更好的决定"。

也因为每种情绪都有它存在的必要，所以没有绝对正面的情绪，也没有绝对负面的情绪。我们也将在下一节，更加详细地讨论，如何引导孩子调节情绪。

练习 11　比对自己对情绪的看法

在本章的开始，先请大家完成几个简单的句子。

这些句子也投射出我们对情绪的许多初步想象。现在，请大家翻到P174，回顾自己所完成的句子。

第一句，是想要了解大家对情绪的"评价"：是正面还是负面呢，还是觉得情绪是一种中性的自然的状态。

第二句，是想要了解大家对自己情绪状态的"预期"，而如果预期跟现实状态差距过大，是否就是您现在焦虑的原因呢？

第三句，是想要了解自己是怎么"解决"情绪的：是逃避、不面对，还是与情绪对抗却没有解决情绪的办法。

第四句，是看看大家怎么面对他人的情绪，以及最在意别人出现什么样的情绪。

第五句，是想要了解大家有没有"察觉自己情绪"的习惯，如果没有的话，那可能在写这个句子的时候就比较没想法。

最后一句则是想要问问大家，是否从情绪事件中学习到了经验。

完成的句子没有对错,而且我相信这些句子都是大家最真实的反应,但也可能是我们在引导自己或孩子的情绪时,最容易出现盲点的地方。

因此这个练习,就可以当作我们情绪引导的基础。接下来,就要请大家从之前完成的句子当中,挑选一个作为可以补充的句子,将这两章看到的与情绪相关的看法补充进去,完成一个新的句子。

初始句子:我觉得情绪是一种_____。
想补充的内容(或看完的心得):_____。
新的句子:_____。

初始句子:我希望我的情绪状态能够_____。
想补充的内容(或看完的心得):_____。
新的句子:_____。

初始句子:当我有情绪时,我通常会_____。
想补充的内容(或看完的心得):_____。
新的句子:_____。

初始句子：看到别人有情绪时，我会觉得＿＿＿＿＿＿。
想补充的内容（或看完的心得）：＿＿＿＿＿＿。
新的句子：＿＿＿＿＿＿＿＿＿＿＿＿＿。

初始句子：每次我情绪反应结束时，我会对自己说＿＿＿＿
＿＿＿＿＿＿＿＿＿＿＿＿＿＿＿＿＿＿。
想补充的内容（或看完的心得）：＿＿＿＿＿＿。
新的句子：＿＿＿＿＿＿＿＿＿＿＿＿＿。

初始句子：我觉得情绪给我最大的帮助是＿＿＿＿＿＿。
想补充的内容（或看完的心得）：＿＿＿＿＿＿。
新的句子：＿＿＿＿＿＿＿＿＿＿＿＿＿。

3-3 如何帮助孩子调节情绪？

情绪与事件记忆

小宝宝第一次看到蟑螂时，可能会因为蟑螂会动而感到好奇，但不会有大多数大人对蟑螂的"嫌恶"或强烈的"恐惧"。

换言之，蟑螂对他们而言是一种中性刺激，这个状态也会一直维持，直到某次蟑螂的出现与不好的情绪经验联结在一起为止。

比如某次当蟑螂出现时，身边的大人开始惊慌失措地尖叫，或因为蟑螂爬到身上而被吓到，或看到电视上报道与蟑螂有关的画面而感到恶心。

此时，中性刺激就开始有了情绪经验，并储存在我们与"事件记忆"有关的脑区中。而在下次蟑螂出现时，孩子就会表现出情绪反应："这个生物很可怕、很恶心，我需要赶快逃走。"

"情绪经验会被储存在事件记忆中,并在下次成为大脑的反应基础。"这意味着人在成长的过程中,不断地根据自己的情绪反应和观察到的他人的情绪反应学习下次面对这些刺激时该如何准备。

在达马西奥的实验中,艾略特也是因为感受不到"紧张"情绪告诉他的"这个决定很危险,该避开",才不知道要"修正自己的选择"。

因此,我们在引导孩子情绪时,不该仅仅是"降低孩子的情绪反应",这甚至都不是我们该聚焦的目标。

我们应该把重点放在协助孩子在情绪反应中了解事件对自己的影响,并试着解决自己的诉求,或利用不同的方法调整环境。

在这些努力下,当下次类似的刺激出现时,大脑对该刺激的情绪记忆就会被唤醒,此时如果没有出现已经降低的情绪反应,孩子就会开始学习如何面对、调节自己的情绪。

情绪调节的引导

总体而言,读过讲解依附关系的章节后,我们知道要先同理孩子,这样才能借由依附关系,协助孩子调节情绪。

而在情绪"本质"的章节中，我们知道自身无法"控制"身体的预先准备状态，因此唯有在面对情绪后，才有调节情绪的可能。

此外，在情绪发生的"目的"里，我们学到只有引导孩子做出更有利的决策，才能让原本诱发情绪的情境更能被适当地改变。

最后，引导孩子"对事件做链接"（事件记忆），教他们"命名并讲出自己的情绪"（语言），就能让孩子记忆事件，并为下一次类似事件做准备。

我们以上面几点为架构，将情绪调节分成三个阶段：

1.面对情绪：情绪词汇的命名与表达

许多家长最容易忽略的，就是帮孩子将情绪表达出来之后，**忘了请孩子再说一次。**

记得，一定要让孩子再说一次。这样他下次才知道该如何命名自己的情绪。

此外，在命名的过程中，我们也可以借此让孩子知道我们能够同理他的情绪。

辨识及面对情绪

目的：情绪辨识/情绪同理

重点：命名/讲出来

你可以告诉我你的心情吗？

厘清情绪事件

目的：将情绪与事件联结

重点：联结情绪与原因

你心情不佳是因为什么事呢？

2.厘清情绪：让孩子将事件与情绪做联结，以利于后续做决策或储存成情绪记忆。

解决情绪需求

目的：缓解情绪/决策

重点：了解需求/为下次打基础

没问题！那我们一起来想办法。

3.让孩子想办法解决自己的情绪需求：利用每个情绪的情绪本质，帮助自己做出可以解决自己需求的决定。

练习 12 协助孩子调节情绪

下面,我们就以前面的内容为架构,来讨论每种情绪的引导方法。

在这最后一个练习中,我要请大家参考P201后的个别情绪引导的内容,协助孩子在各项基础情绪中调节情绪,并在被引导后做出决定。

孩子的每种情绪都有被引导的经验,才算完成了这项练习。完成后,可以在下面记录事件发生的过程。

☐ 害怕
情绪事件:
_____
_____

☐ 讨厌
情绪事件:
_____
_____

□ 生气

情绪事件:

_____

_____

□ 难过

情绪事件:

_____

_____

□ 开心

情绪事件:

_____

_____

3-4 如何帮助情绪中的孩子？

害怕，都是想象出来的？

伟伟今年四岁，已经许久不需要用尿布的他，最近又开始尿床，而且变得很黏人。

只要妈妈在他的视线一消失，他就会放声大哭，晚上睡觉的时候也开始害怕关灯，一有风吹草动就惊醒。

总是因为小事就吓破胆的伟伟，让妈妈觉得又好气又好笑，但这也让她不知道该怎么办。

后来经过几次询问，才知道伟伟原来是担心接下来要上幼儿园了，不知道会发生什么事，所以害怕跟妈妈分开。

还记得我们讨论过害怕情绪的本质吗？除了判定刺激源是危险的之外，大脑也对这样的刺激源感到"不确定"，因此才会活化杏仁核。

而杏仁核的活化，也会持续到这个"不确定感"消失为止。因此，**只要能够增加确定感，害怕情绪就有机会被解除或缓解。**

想要增加确定感，很重要的一项能力就是"学会预期"——虽然没发生过，但我大概知道或"猜得出"接下来会发生什么事，我也在猜得出在接下来的情况下该如何面对。

- 基础情绪：害怕／恐惧。
- 情绪的本质（身体准备状态）：注意力放在外源性刺激上，比如上幼儿园、与妈妈分开等，而启动战斗或逃跑模式。
- 情绪的目的（赋予事件的价值）：危险，新的环境与老师，可能会是危险的，与妈妈分开也可能会遭遇危险。
- 做出的决定：我要逃跑！我很害怕，所以我放大了环境中本来无害的刺激。

接着，用我们上一节讨论的三个步骤引导伟伟害怕的情绪，并让他学着预判这些害怕情绪会引发什么事。

Step 1：面对情绪

"每次看不到妈妈的时候，你是什么感觉呢？是不是觉得心脏怦怦跳?(可以将孩子的手放在他自己的胸口感受心跳)是不是在有些时候,你会想要逃走,不想一个人待着?"

"这种感觉叫紧张。来,你可以自己说一次吗?"

"紧张很正常。如果是我,我也会紧张。"

Step 2:厘清情绪

与孩子讨论上幼儿园紧张的原因:

"上幼儿园为什么让你紧张呢?是因为去幼儿园就看不到妈妈了吗?还是因为你怕在幼儿园遇到很凶的老师?"

Step 3:解决自己的情绪需求(害怕情绪 —— 学会预期)

"虽然紧张很正常,但我们可以做一些准备,让自己不那么害怕。"

对与家长分开进行预期:"上幼儿园那天,我会帮你准备好早餐,吃完之后,我们陪你一边散步一边走到幼儿园。等你中午一吃完饭,我就会出现在幼儿园门口。"

对幼儿园进行预期:"园长说,在开学之前,我们可以先去幼儿园参观。参观那天我可以陪你一起进去看你的教室哟!"

上述的流程只是参考，不一定要照如此做。只要能够协助孩子缓解情绪，家长们可以多试几次，找出最适合自己与孩子的方法。

不管怎样，**"让孩子觉得家长是站在他这边的"才是最重要的。**这样，孩子才会愿意相信你是来帮忙的，而不是来施加压力的，从而愿意有所改变。

此外，在引导害怕情绪时，也有很多时候孩子根本不知道因为什么事情而害怕，所以一问三不知，或者表现得根本不像是害怕。

这是因为孩子的因果联结能力还不那么成熟，因此在压力事件出现时，孩子的确被诱发了情绪而进入了"战斗—逃跑"的状态中，但他并没有意识到自己的情绪是被什么事件或原因影响的，因此也不知道如何解释。

大多数家长对害怕情绪出现的理解，就是孩子出现的"瑟瑟发抖""大哭""害怕表达情绪"等明显行为和"逃跑"的表征。别忘了，孩子还有可能会出现"战斗"或"冻结反应"。

想想当你无预警地遇到一条蛇，你会有什么反应呢？可能会转身就跑（逃跑）、拿东西砸它（战斗）或僵直无法动弹（冻结反应）吧？

所以当孩子面对让他害怕的人或事物时，也有可能会用摔东西、打人、讲不好听的话等方式响应；也可能干脆原地"死机"！面对这些状况，我们该怎么办呢？

孩子虽然不一定知道在怕什么，但借由观察孩子行为上的改变，就可以找出开始改变的时间点。在厘清这个时间点发生了哪些压力事件后，就可以比较明确地知道孩子是被什么事情影响。

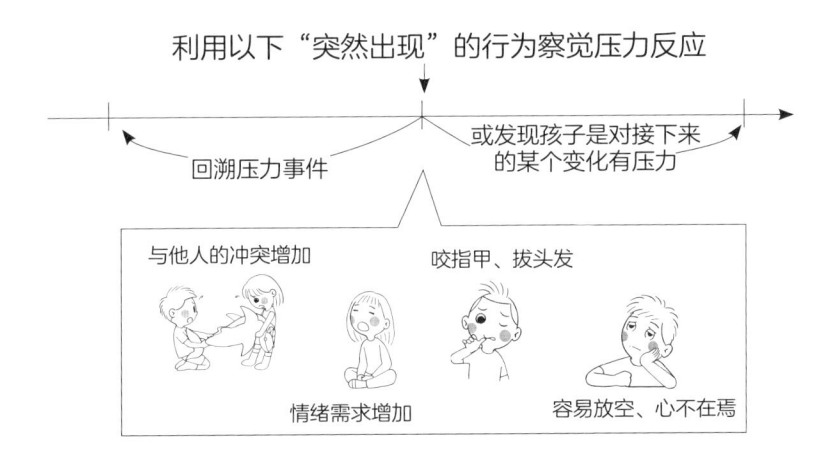

利用以下"突然出现"的行为察觉压力反应

← 回溯压力事件　｜　或发现孩子是对接下来的某个变化有压力 →

- 与他人的冲突增加
- 情绪需求增加
- 咬指甲、拔头发
- 容易放空、心不在焉

孩子的发展历程中，本来就会有各年龄容易出现的压力事件，因此在不确定时，也可以试着参考以下内容找出压力源。

常见压力源

婴儿期（0—1.5岁）

1.分离焦虑；

2.陌生人焦虑；

3.主要照顾者更换。

学步期（1.5—3岁）

1.分离焦虑：上幼儿园、分房睡等；

2.环境改变：搬家、住院、旅行太久等；

3.其他：弟弟或妹妹出生。

学龄前（3—6岁）

1.同伴关系：交不到朋友、同伴之间的压力；

2.其他：停用尿布、怕黑、怕鬼怪等。

学龄期（6—12岁）

1.师生关系：老师的要求、考试等；

2.手足竞争。

其中，我想特别将3—6岁容易出现的"怕黑、怕鬼怪"

单独拿出来聊聊。这不仅是这个年龄的孩子常见的特点，有些孩子甚至会怕到做噩梦或无法独自上厕所。

为什么这个年龄的孩子会特别怕这些不存在的东西呢？害怕，不就是怕"外源性"的刺激吗？怎么会怕这些"存在在脑子里""虚拟"的东西呢？

其实由于这个年龄的孩子抽象思考能力尚未成熟，很容易"眼见为凭"，比如看到魔术，就相信魔术表演是真的。

"鬼""怪兽"等东西也是，孩子可能从卡通中看到，或从绘本中读到，也许从其他大人讲的故事中听到（听觉也是一种外源性刺激），对此信以为真，因而相信有躲在角落的鬼怪、藏在衣柜中的怪兽或吃人的妖怪。

这些鬼怪对孩子来说并不是幻想出来的，而是他们对故事书中的、卡通里的、电影中的、其他人口中的故事角色信以为真，从而产生如此"真实"的害怕。

那么，我们该如何引导呢？各位爸爸妈妈可以试试以下几步。

Step 1：利用"引导害怕"的决策，帮助孩子对害怕的事物进行预期

可以先跟孩子讨论：你怕鬼从角落跑出来对吗？如果发

生了，你会怎么做呢？

也可以教导孩子，不管有没有鬼，他都可以通过大叫来吸引大人过来帮他。如此，孩子下次可能就会预期，即使我害怕，但只要我大叫了，就会有人过来帮我。

Step 2：反过来利用"眼见为凭"，让孩子学会如何打败这些怪物

试着跟孩子读与怪兽有关的绘本，让孩子看到"原来怪兽怕护身符"，并在读完后与孩子一起做一个一样的"护身符"。

Step 3：让孩子学会分辨"虚拟"与"现实"

有研究报告指出，4—6岁的孩子中约有74%会害怕怪兽；6—8岁的孩子中则约有53%；10—12岁的孩子中，就只有5%会出现害怕的状况。也就是说，区别"虚拟"与"现实"的能力会随着年龄的增长而慢慢提高。

这个成长趋势，除了代表孩子的认知能力越来越成熟之外，也反映孩子在"真实"的情境中获得更多"身临其境"的体验，并能够逐渐分辨原来许多东西是虚拟的、虚构的。

因此，在这个阶段，我们就可以通过带孩子多体验不同的生活刺激，增加"真实"现实出现的机会，减少想象带来的不确定感。

最后，我曾看过网络上一段许多人转发的影片，标题是"害怕，都是你想象出来的"。影片中的孩子似乎正因溺水而不断地挣扎，旁边的人却大笑，不断告诉他："你要不要站起来看看！"

初期小男孩越听越怕，反而挣扎得更厉害，直到最后的某一刻站了起来，才发现水其实只到自己的腰部而已。

影片似乎是想告诉大家，许多恐惧，其实是你自己想出来的，所以你才会越想越怕。

但我想说的是，**对那些正在恐惧中的人来说，他们所害怕的事情是真实的，是确实存在的。**

我们会害怕，是因为我们不确定事情会怎样发展，所以对于害怕，我们该做的不是停止我们的想象，而是去预期它，去体验它，去确定它，这或许就是解决害怕最好的方法。

讨厌就是讨厌!

小巧今年五岁,某天放学回家后,她跟妈妈说她不想再去幼儿园了,吓了妈妈一跳。明明上周还开开心心地分享在班上发生的事,怎么说不想去就不去了呢?

一问之下才发现,原来小巧班上有位同学,每次都不经过小巧的同意就拿走她的东西,虽然都会再还回来,但小巧就是觉得这个同学很没礼貌,很讨厌。

小巧说:"我把所有的东西都藏在了书包里,但那个同学还是会来翻我的书包,那我干脆不去幼儿园好了,就不会遇到那个同学了。"

当你听到孩子说"我讨厌吃这个东西""我讨厌这个人"时,你会有什么反应呢?

你可能会觉得孩子怎么这么任性,有得吃就很好了,怎么还挑食?或是不懂明明昨天还跟朋友玩在一起,怎么今天说讨厌就讨厌?

就情绪本质来看,讨厌的确是个"自我"的情绪。

因为这个感受只发生在感受到"不舒服"的人身上,因此旁人可能会无法理解或同理。此时如果你还强迫孩子去"接受"这个"引发讨厌"的东西,那孩子就只会更加不舒服，就有可能会更加讨厌它。

我们要怎样引导孩子面对"讨厌"呢？从"讨厌"的准备状态来看，孩子的本能反应的确是"避开"或"我不想再碰到"，但如果只是逃避让人不舒服的刺激，那再遇到这个刺激源时，可能还是无从解决。

这时，引导孩子做出"保护自己"的决定，或许就可以让孩子试着解决"讨厌"的情绪，在此过程中，还可以陪孩子厘清到底是什么让他感觉不舒服。

同理，我们先用情绪本质的架构来分析一下事件。

基础情绪：讨厌／恶心。

情绪的本质（身体准备状态）：我的东西被拿走，我感觉不舒服。

情绪的目的（赋予事件的价值）：同学让我不舒服。

做出的决定：我不去幼儿园！不想再见到那个同学。

接着，用三个步骤引导孩子解决让自己不舒服的感受。

Step 1：面对情绪

"你是不是觉得你不想再见到那个同学？也不想碰到他？

这样的感觉就是讨厌。你可以再跟我说一下你的感觉吗?"

Step 2: 厘清情绪

与孩子讨论讨厌同学的原因:

"那个同学最让你不舒服的原因是什么呢?他做了哪些事让你不喜欢他呢?"

"别人对我做了让我不舒服的事,我讨厌他是很自然的。"

Step 3: 解决自己的情绪需求

让孩子知道"哪些是让我不舒服的原因"之后,我们就可以试着让孩子在"解决这些让我不舒服的原因"中学会保护自己。

"你讨厌那个同学,其实是你不喜欢他没经过你同意就拿你的东西对吗?那我们一起来想办法,看有没有什么可以保护自己的方法。"

"我们可以试着先跟同学沟通看看,比如跟他说,如果要跟我借东西,我会借你,但你要先问我,因为那是我的东西。如果沟通完还是没用,那我们可以试着请老师帮忙。"

在讨厌情绪中,我建议做出"保护自己"的决定的原因,

就在于我们其实不太习惯去摆脱自己"不舒服"的感受, 而只是逃避。但这些让我们不舒服的刺激,虽然大多没有即刻性的危险,却还是有可能会伤害我们。

若孩子只有"逃避"一招,下次再遇到同样的刺激源,他就会无从面对。比如我们平常就有必要教孩子"身体的哪些部位不能让别人碰",或"被碰到了觉得不舒服时",除了要赶快避开之外,还要跟你信任的大人说,这样才能保护自己。

挑食的问题也同样如此,父母大都是基于"太挑食会营养不均衡"而希望孩子可以不对某些食物太过排斥。但我们也要绝对"不强迫"孩子,而让他们学会怎么面对自己不舒服感受的方法。

我们可以先问孩子:你不喜欢吃……,是因为它的味道,还是口感,还是要嚼很久所以讨厌?

根据不同的"让自己不舒服"的原因,有不同的解决方法。如果不喜欢它的味道,那我们可以试着把它混在喜欢的食物中,就不会因为味道而不舒服。

这时甚至可以鼓励孩子参与烹饪,让孩子在"玩且愉悦"的做菜过程中,处理掉让自己不舒服的感受。

你也可以与孩子讨论:如果你不喜欢吃……,还有哪些替代食材我们可以试试看呢?

在这个过程中,**我们其实就是在引导孩子"你的不舒服,**

我尊重。我们可以找一个方式来解决自己的不舒服"。

最后,也有一些讨厌情绪,其实并不是因为你讨厌这个人、这个环境、这个东西;你只是因为其中的"某个特质""某个动作"感到不舒服。

孩子在同理心成熟前,会因为"单方面的不喜欢"而否定整个人或拒绝参与某些事。

此时我们的引导,除了帮助孩子解决自己的不舒服之外,其实也是让他在过程中发现,这些让我不舒服的事物中,或许还有我没发现的特质,也有让我可以试着包容的地方呢!

你再生气,我就要处罚你

爸妈正手叉着腰、口沫横飞地训斥着孩子。而孩子也不遑多让,尖叫,躺在地板上捶地板。

然后,不知道是爸爸还是妈妈大声咆哮:"你再继续生气,待会儿看我怎么处罚你!"结果换来了孩子更激烈的反抗。

不知道大家听到"你再继续生气,待会儿看我怎么处罚你"这句话时感觉如何?

我每次听到时,都想摇头。原因并不是大人不能生气,一定要好声好气地跟孩子沟通,或是我们不能恐吓孩子;而上面状况中的大人,不是也在生气吗?**那凭什么大人可以生气,孩子却不能生气呢?**

此外,我们其实也知道这是一句"气话",而气话最大的特点,就是**借由伤害别人来发泄你的情绪,但这完全无法解决问题。**

我们在日常生活中,在与人相处上,也许是习惯的原因,我们经常把"气话"当作解决问题的方法,结果只会把事情越搞越糟。

或许大人其实也还没找到方法来处理自己生气的情绪,所以更无法面对生气中的孩子。

我们这节就来好好讨论一下,应该怎样看待"生气"的情绪,以及如何引导生气中的孩子。

比如孩子的内在需求是"看电视",但是爸妈认为到了睡觉时间,因此让孩子把电视关掉。此时孩子就会试着用"生气"来控制外在环境,以符合自己的内在需求。

基础情绪:生气。

情绪的本质(身体准备状态):内在需求(想看电视)与外在环境不平衡(爸妈说不能看,愉快的情绪要被剥夺了),因此会试着改变外在环境,来符合自己的内在需求。

情绪的目的（赋予事件的价值）：失去控制。电视要被关了，我不能看了。

促使做出的决定：我要控制！我就是要看！不然我就摔遥控器！就大喊大叫！

在引导的部分，由于生气情绪本质的关系，我们可以有两条路来解决：**一是针对外在事件进行沟通，**比如提出大人和孩子都可以接受的方式，来改变情境；**二是针对内在需求进行调整，**比如让孩子改变想法，使他的内在需求在调整后与外在环境保持平衡。

Step 1：面对情绪

"你现在是不是拳头握紧，想打人？你是不是想大喊大叫，不想关掉电视？你会这样想，是因为你在生气。来，你自己讲一次。"

Step 2：厘清情绪

与孩子讨论生气的原因：
"你会生气，是不是因为你想看电视，但我说不能看了？"

Step 3：解决自己的情绪需求（生气情绪——解决问题）

孩子通常都想不出来解决问题的办法，但家长可以在跟孩子讨论后适时地提出方法。

解决外在事件（沟通）："我知道你不想马上停下来，但你可以试着跟我商量，说你想看到结尾。"

解决内在需求（认知弹性）："我明天一定会让你看，只是你现在不能再看了。"

有经验的家长都知道，解决问题的阶段才是最困难的、最需要无数次尝试与练习的。

大家可以往前参考P163，我也在下面整理出需要注意的地方。

1.与孩子沟通时，注意地雷区

为了避免让冲突越滚越大，甚至节外生枝，以下就是我们可以试着避开的地雷区。

（1）预告很重要

许多生气的时刻，是外在环境突然改变导致其与需求不平衡所致。

比如明明没有计划要在什么时候关电视，现在却突然被要求停止观看，所以本来看电视看得很开心，却因为突然被剥夺权利而感到天崩地裂。

给预告是很重要的，除了让孩子可以有缓冲时间之外，也能让他有所预期。

不仅如此，**我也建议用次数、回合或段落来作为预告的方式，而不要用时间。**比如要说"你再让玩具车停进停车场三次，我们就要收起来了"，而不是说"再给你五分钟"。

这是因为孩子多半对时间流逝的概念还未成熟（会看时钟，不代表孩子就能感知时间的流逝），而且我们做预告的时间点，常常是孩子正在"兴头"上的时刻。

想想，如果你马上要看到结局了，虽然时间到了，但你会接受就此停止吗？因此，用次数或段落进行预告，才能让孩子在"告一段落"的地方痛快地结束。

（2）提出替代的解决方案

当大人在调整自己的内在需求时，常用的方法就是提出替代方案。

比如"好不容易等到星期天，想要出游（内在需求），却下大雨了（外在事件）"。

此时虽然心情不佳,但我们还是会告诉自己:"没关系,下个星期还有机会可以出游。"因而得到情绪上的缓解。

而孩子由于认知弹性不够成熟,还无法转弯或想到其他可能性,所以只要一被阻止就想着"为什么我不能玩车车"而感到天崩地裂。其实孩子的心理是:"你不让我玩,那我就永远都玩不到了!"

此时,我们即可把提出"替代方案"的方式当作解决策略的一种,并在替代方案可以调整内在需求的作用下,协助调节生气的情绪。

"你可以玩哟!但要吃完饭才能玩!"

但要注意的地方是,像不像替代方案,就看你说得像是一个"可替代"的方式,还是只让孩子认为你在拒绝他。

比如"你现在就是不能玩,明天才能玩"与"你可以玩,但要等到明天"起的效果可能完全不一样。**把肯定句放在前面,或许就会有奇效。**

(3)让孩子有选择权

生气赋予事件的价值,来自觉得事情失控了,因此想要

"控制"。此时我们若是一味拒绝孩子，反而会让他"因为更失控而更加生气"。

此时试着提出一些选择，反而就会让孩子觉得"是我在做选择，是我在控制"而愿意沟通。

比如"那我让你选，今天把这一集看完，但明天不能看电视；或者现在先不看，但明天可以选自己喜欢的卡通节目，你选哪一个？"

此外，提出选项还有另一个好处，就是你可以把选项控制在"你也可以接受"的范围中。

（4）把握好孩子生气的程度，以及适当的介入时机

不管是谁，情绪都不会一开始就爆发，都会有个渐进的过程，只是有快跟慢的差别而已。

若将生气的程度分为一至十分的等级，上述用"沟通与协调"的方式当作解决问题的策略，最适合生气程度在七分以下的孩子。家长也需要练习把握时机，在生气程度超过七分前，就适时地跳出来提供解决策略。

但难免还是会有孩子十分激动的时刻。如果不小心走到这一步，我建议只要孩子不会有危险，那就可以让他适当地发泄情绪，在他发泄完之后再沟通。

2.如果孩子在生气过程中动手打人，我该怎么处理？

虽然"生气"是原始情绪且每个人都会有，但每个人生气的原因、表达生气的方式都不太一样。比如有些孩子不是特别需要电视，那即使让孩子将电视关掉，他也不会有太大情绪。

生气时做出来的行为也一样，即使"生气"所诱发的是想要"控制"，但控制环境的方法因为人格特质、教养经历或面对对象的不同也会不同。

大致上来说，控制可以通过两件事来做到，一是借由肢体动作，也就是动手来操控；二是靠"嘴巴"，也就是借由说话来控制他人。

从肢体操控到说话控制的转换，是许多孩子在发展中会经历的过程。

两岁半至四岁是孩子动手打人的高发期。四岁后，孩子开始慢慢地社会化，知道打人是不被社会所接受的，就会慢慢学着用嘴巴来控制环境。

如果孩子在生气时出现打人的行为，**最重要的引导是让孩子将行为转化成语言来与大人沟通，**来得到他想要的控制。

孩子出现打人的行为时，我会明确地跟他说："打人是得不到你要的东西的,但你可以用说话的方法告诉我。"

若此时的孩子语言能力不够成熟,无法明确地讲出他想要什么或用适当的方式沟通,怎么办?这时我额外会做的就是将话讲一次后,请孩子再复述:"那你把我说的话重说一次。你说,我真的很想看电视,可以让我看到这一集结束吗?"

家长们也要留意,自己平常在阻止孩子时,是否也会"出手"。家长们动手的行为,可能就是让孩子学到"我该用肢体动作来控制其他人"的方式的源头。若有的话,自己要先改。

3.从孩子的生气事件中,发现孩子的内在需求

"什么?孩子的内在需求不就是得到他想要的吗?还有什么好了解的?"或许大家会这么想,但除了明显的生理需求(如想吃东西、想睡觉)之外,其实每个人还有所谓的基础心理需求。

每个人对于这些心理需求的需求程度不同,因此有可能会因为某项需求的程度较高而与外界起冲突。

当我们没有引导孩子学会用原始情绪以外的方式来获得内在与外在的平衡时,孩子除了对自身不甚了解之外,他也会习惯性地用生气来面对自身需求得不到满足的状况。所以即便他长大了,社会化了,却仍被需求与外在事件的不平衡

绑架而无从解决。

有哪些基础的心理需求需要注意呢？以下列出几点供大家参考。

基础心理需求	需求层面	容易起冲突的原因	引导
依附需求	希望依附对象能够同理自己的情绪	依附对象无法同理自身情绪	不要只有肢体或表情的情绪表现，将情绪"说出来"，大人才能协助处理
完形需求	希望事情能告一段落	事情没有"结尾"或无法"告一段落"（需要有结局）	在做事情前就先做步骤或阶段的规划，因即使事情做到一半被打断，也知道可以回来从某个阶段继续完成
预期需求	希望事件能够朝预期的走向发展	事情的走向与预期不一样	能够至少预期三种可能会发生的情况，借此增加弹性，以容忍与预期不同的情况发生
控制需求	希望人、事、物能在自己的意念控制之下行动	人、事、物出现失控的状况	在"事""物"失控时，学着解决问题；在"人"失控时，学会"沟通与协商"
自尊需求	希望能维持自己的"良好"形象	被别人发现自己的缺点，或在大家面前出糗	改变我们与孩子沟通的方式，在说他的缺点之前，要加上他做的好的地方，孩子才不会因此觉得自己什么都不好，而需要维持自尊

看完这些基础心理需求后，大家有没有发现，孩子发生冲突的原因是来自某个特定的状况呢？如果有的话，也许是他这项心理需求程度较高导致的。

此时我们就有机会从孩子容易发生冲突的状况中，找出他的需求，并加以引导，让他知道如何用适当的方式平衡这项需求。

4.称赞孩子用解决问题的方法调整自己生气的情绪

回到文章最前面的场景，其实用"让孩子不能生气"或"因为孩子生气而处罚"的教导方式，孩子还是学不到怎样面对情绪，当然更不用说学到面对自己需求的方法。

我们活在不断变动着的环境中，其实也很容易遇到内在需求与外在环境不平衡的状况。在这样的状况发生时，我们要告诉自己不能生气，生气是不对的。

所以，最后我也想鼓励大家，在自我检讨以及与孩子互动时，告诉自己与孩子："不是不能生气，而是我们要从生气中意识到自己的内在需求与外在环境不平衡了。试着去解决问题的我们，很棒！"

这没什么好哭的

这个故事发生在我还没有太多临床经验的时候。

那时候只要碰到孩子因为玩游戏输了而哭的状况，就会试着安慰他："这只是游戏而已，本来就会有输有赢，而且输了也不代表你不好，所以输了也没关系哟！"本来以为这样安慰万无一失，直到那一次。

我带着孩子玩投篮游戏，进一球我就在记分板上画一条线，直到每个人的十个球都投完，看谁进球最多。

我甚至在游戏还没开始时，就先给孩子们打预防针："输了有关系吗？"然后孩子们就会训练有素地回答："没关系！"

游戏激烈地进行着，直到某个孩子面对着计分板，因为一分之差而哭得稀里哗啦，我又开始用与过往一样的流程安慰孩子。

我先是蹲了下来，然后用手轻轻地拍着他的背，最后讲了上面那串话。但孩子的眼泪仍哗啦哗啦地不停流，掏心掏肺地说："输了有关系啊，输了我真的很难过啊！"

望着孩子的脸，我突然觉得我好像做错了什么。而我也发现，其实我也记得那种输了很难过的感觉。

甚至可以说，其实我输了也会不甘心，也会想有人拍拍我，**但我会希望有人跟我说"输了没什么"吗？** 如果有人这样跟我说，我可能会回："废话，输的人又不是你！"

那我为什么要给孩子洗脑输了没关系呢？只是强迫他们重复，然后变成一种口号吗？还是希望孩子在不断重复的话语中，说服自己真的不要在意输赢吗？这样对自己说，挫折忍受度就真的会提升吗？

我带着这些问题思考了许久，发现我的理论都白学了。

"难过"本来就是一种带有自我调节的情绪状态。它是在你感到很痛苦时，身体为了帮你减缓痛苦启动的机制；它是在你负荷压力时，帮你减轻压力的一种宣泄；它也是在你"失去"时，自我疗伤的过程。

而难过时的哭泣，其实也是我们启动"回复"机制的过程。有研究发现，在哭泣时我们会有意识地调整呼吸，因此在压力之下的心跳加快或被影响的生理状态，可能在哭完之后才得以调节，说哭泣是最好的疗伤剂也不为过。

不过，不同事件带给你的痛苦程度不同，有时光靠自我疗伤是不够的。在难过的情绪里，我通常建议家长引导孩子做出的决定是：寻求帮助。

比如前述的例子中有一个因为输了游戏而感到十分难过的孩子，我们可以先试着分析这个事件。

基础情绪：难过。

情绪的本质（身体准备状态）：调节内在感觉，以减轻痛苦。看到最后输了一分，觉得心脏怦怦跳，有心被撕裂的感觉，开始流眼泪、啜泣、呼吸加快。

情绪的目的（赋予事件的价值）：失去、受苦。输了一分，让我很难过。

促使做出的决定：我不想输，我想寻求老师的帮助以减轻痛苦。

接着，用三个步骤引导孩子缓解难过的感受。

Step 1：面对情绪

"你现在是不是眼泪一直流，停不下来？是不是觉得心脏紧紧的，很不舒服？这样的心情叫难过，是你的身体想要帮你减轻不舒服感觉的过程，是非常正常的。"

"你可以再跟我说一次你的心情吗？"

Step 2：厘清情绪

"你难过是因为你想赢，但结果输了对不对？"

Step 3：解决自己的情绪需求（难过情绪——寻求帮助）

"难过的时候，你可以找人说说你难过的原因，这样会比较舒服。知道你很难过，老师跟爸爸妈妈也会抱抱你的。等你不难过了，我们再一起练习，好吗？"

"等你不难过了，我们可以一起想想，怎么在下一次比赛的时候，让自己进步。"

最后，我很感谢那位跟我说心里话的孩子。

他不只改变了我对难过情绪的看法，也再一次告诉我："所有的情绪，都很正常，都有它存在的必要。"

当我们只是说"啊，这没什么，没必要这样"时，其实根本就没引导孩子去面对情绪。

后来的我，会在游戏开始前试着问他们："游戏输了，会觉得难过吗？"然后，我会非常坚定地跟孩子说："可以难过呀！觉得难过很正常。"

而就在我这样做的时候，我发现，孩子会在哭完之后跟我说："老师，我想再试一次！"

一生要追求的，只有快乐而已？

在二十世纪七十年代，美国斯坦福大学的心理学教授沃尔特·米歇尔（Walter Mischel）开始了一系列非常有名的实验，这也是后来所谓的"棉花糖理论"的起源。

他们找来一群平均四岁的孩子，在每个孩子面前放了一个棉花糖，并告诉孩子可以随时吃掉眼前的这个棉花糖，但如果他们可以等大人回来后再吃，就可以再得到一个棉花糖。

有些孩子吃了，有些没有。而第一次的研究着重于分析那些没吃棉花糖的孩子是用什么方法抗拒诱惑的。

真正让这个实验名声大噪的地方，是他们在三十年间对实验测试者做了追踪，而追踪结果表明，那些"抵抗"诱惑得到更多棉花糖的孩子，似乎也在青少年或成人之后得到更高的成就。

他们拥有较高的学业成绩，能事前规划，以及有较高的自我价值感。此外，他们出现药物滥用、品行问题、体重超标的情况也较少。这些发现似乎都在指向："只要我能抵抗诱惑，学会忍耐，那么我不只是能得到更多棉花糖，这种延迟满足的能力，也能带给我人生正面的影响。"

这个结果，不仅仅带来了更多与"延迟满足"相关的研究，也旋即成了一股席卷社会与教育的旋风，让许多家长视忍耐为圭臬，就为了孩子将来能有机会成功。

但，事实真的是这样吗？

在2018年，有另外一个团队发表了另一篇研究论文，此研究的实验设计其实就是棉花糖实验的翻版。

但在这次实验中，团队将原本的样本数从九十人扩大到九百人，并包含了更多变量（不同的社会经济地位、家庭背景、母亲对其的教育方式等）。

当实验加入了变项，并分析四岁半时"忍耐时间的长短"与将来"成就"的相关性时，结果表明，**虽然相关性是有，但比起原先实验所显示的"显著相关"来说，几乎只有其十分之一。**

重要的是，当把孩子的家庭背景和认知能力考虑进去，这个相关性又更低了。

这意味着什么？意味着我们不需要训练孩子延迟满足了吗？反正孩子也不会因此更容易获得成功，不是吗？

那我为什么在快乐情绪的议题里，还会建议大家引导孩子延迟满足呢？我们在引导孩子做出延迟满足决定时，又该聚焦在哪里呢？

首先我们要知道，训练延迟满足的目的，是加强孩子的"自我控制"能力。训练自我控制其实也不是为了提高学业成绩，而是减少因为自我控制不成熟带来的负面影响。

比如一位不会延迟满足自己需求的孩子，就经常会想做什么就做什么。脑子一热，即使老师在台上讲话，他也一定要冲到台前来发表他的意见，而无法等老师说完再举手提问。这样也容易造成团体生活中的困扰。

或者，相信各位家长一定也有这样的经验，当孩子无法延迟满足时，容易想要什么就非得立刻得到，得不到时不是一哭二闹，就是要赌气好一阵子。

从延迟满足的练习中，我们能够教导孩子许多自我控制的方法，从而让孩子在欲望还相对单纯的时候就有机会练习，不要等到长大了，欲望变多变复杂了，对自我控制却没有什么经验。

其次，延迟满足并不是要教孩子忍耐。我今天忍，明天也忍，那到底什么时候才能吃棉花糖？我忍耐要干吗？

我们不是要孩子忍到天荒地老，**而是与孩子一起学会不被"快乐"牵着走，才不至于陷入无止境的无度求取当中。**

不过，因为不要求孩子忍耐，所以还是要让孩子有机会满足自己的需求，并在分配好自己"满足"的时间点之下，该快乐的时候就好好地享受，而该控制时则延迟自己的欲望。

而我也想借由对第二点的讨论，来带入我们在"快乐情绪"里的分析：美美今年三岁，非常喜欢喝果汁，每次只要喝完一瓶，就会吵着还要。

基础情绪：愉悦／开心。

情绪的本质（身体准备状态）：引发动机，让我再次寻求这个刺激。会一直看着果汁，想要伸手去拿，想要再次体验到果汁酸酸甜甜的感觉。

情绪的目的（赋予事件的价值）：动机。果汁让我很开心。

促使做出的决定：我还想要喝果汁！

接着，用三个步骤引导孩子解决难过的感受。

Step 1：面对情绪

"喝了果汁之后，你是不是很想要再来一瓶？你是不是很想要再次尝到果汁酸酸甜甜的味道？"

Step 2：厘清情绪

"那你就是因为喝果汁觉得很开心哟！你自己说一次。"

Step 3：解决自己的情绪需求（开心情绪——延迟满足）

延迟满足，就是让孩子学会分配和控制"满足"自己的时间点。

"你明天当然还可以再喝一瓶，只是今天已经喝过了。你只要等到明天晚餐吃完，就会再有一瓶。"

当然，孩子一定不会在我们说完这句话后就善罢甘休。他们仍然会吵、会闹，甚至产生生气的情绪，来让自己的需求获得满足。

此时，我们可以参考生气情绪里讨论过的诀窍。当然，最重要的还是要让孩子知道他什么时候可以再获得他想要的满足，或怎么调整自己的需求，而不是无限度地要求他忍耐。

此外，**许多家长会误以为延迟满足就是条件交换，其实这两点是大相径庭的。**

条件交换是我用"你要的行为"来换取"我想要的东

西",比如许多家长会用考一百分换零用钱等方式激励孩子;但延迟满足就只是将自己的"欲望"或"满足"分配在可预知的时间点,因此这两者本质上就不同。

此外,条件交换会将孩子的注意力导向到"我要的东西",而不是"我的努力或成就"上,这也是我们会提醒家长尽量避免的教养方式。

而延迟满足会在过程中进行自我控制,最后又可以获得满足回馈,因此孩子也会将注意力导向到"做到自我控制,我就可以满足自己"上面,两者对孩子的注意力导向完全不一样。

许多家长在平常就或多或少在引导孩子延迟满足,差别只是在于有没有引导他们掌握自我控制的方法。但所有的快乐或满足的感受,真的都需要延迟吗?

比如"因为赢得球赛"而觉得开心,但有些家长会提醒孩子:"不要太开心!要胜不骄败不馁。比你努力的人还多呢!""等到你赢了重大比赛再来开心!"

又比如孩子开心地跟你说,他这次考试只错了两题,你却说:"这两题也不应该错,考一百分再开心吧!"

这时的开心感受,是对"自己完成某些事情"的回馈,是一种自我价值,是鼓励自己再次去克服练习上的困难,以

及延续学习动机。所以此时我们误以为的延迟满足,不仅没教孩子胜不骄败不馁,反而会让孩子失去对自我价值的肯定。

对于这种类型的开心,就放心地让孩子在开心的情绪里吧!让他拥抱自己的价值,比什么都重要。

最后,成功与否本来就不止来自一种能力,否则大家靠着训练延迟满足就可以期待自己会成功了!

也因为每个人对成功的定义都不太一样,有些人觉得家财万贯才是成功,有些人觉得健康平安才是需要追求的事。但不管如何,我们可以带给孩子最好的礼物,不是让他在接下来的人生里,被追求快乐绑架;而是让孩子在他追求自己觉得最重要的事情的过程中感到快乐。

参考文献

【第一章】

[1] Bowlby, J. (1944). Forty-four juvenile thieves: their characters and home-life. The International Journal of Psychoanalysis, 25, 19-53.

[2] Bowlby, J. (1988). A secure base: Parent-child attachment and healthy human development. Basic Books.

[3] Debiec, J. & Sullivan, R. M.(2017). The neurobiology of safety and threat learning in infancy. Neurobiol. Learn. Mem. 143, 49-58.

[4] Poe GR, Foote S, Eschenko O, Johansen JP, Bouret S, Aston-Jones G, Harley CW, Manahan-Vaughan D, Weinshenker D, Valentino R, Berridge C, Chandler DJ, Waterhouse B, Sara SJ. Locus coeruleus: a new look at the blue spot. Nat Rev Neurosci. 2020 Nov;21(11):644-659.

[5] Harlow H. The nature of love. Am Psychol. 1958;13:673-685.

[6] Harlow H, Zimmerman R. Affectional responses in the infant monkey. Science. 1959;130:421-432.

[7] Harlow H. Development of the second and third affectional systems in macaque monkeys. In: Tourlentes TT, Pollack SL, Himwich HE, eds. Research Approaches to Psychiatric Problems. New York: Grune & Stratton; 1962:209-229.

[8] Olausson H, Lamarre Y, Backlund H, Morin C, Wallin BG, Starck G, Ekholm S, Strigo I, Worsley K, Vallbo AB, et al. (2002). Unmyeli- nated tactile afferents signal touch and project to insular cortex. Nat Neurosci. 5:900-904.

[9] Morrison I, Loken LS, Olausson H. (2010). The skin as a social organ. Exp Brain Res. 204:205-314.

[10] Fairhurst MT, Looken L, Grossmann T. (2014). Physiological and be-havioral responses reveal 9-month-old infants' sensitivity to pleasant touch. Psychol Sci.

[11] Della Longa, L., Carnevali, L., Patron, E., Dragovic, D. and Farroni, T., (2020).Psychophysiological And Visual Behavioral Responses To Faces Associated With Affective And Non-Affective Touch In Four-Month-Old Infants.

[12] Gee, D.G., Humphreys, K.L., Flannery, J., Goff, B., Telzer, E.H., Shapiro, M.,Hare, T.A., Bookheimer, S.Y., and Tottenham, N. (2013). A developmental shift from positive to negative connectivity in human amygdala-prefrontal circuitry.J.

Neurosci.33, 458-459.

【第二章】

[13] Ryan RM, Deci EL. Self-determination theory and the facilitation of intrinsic motivation, social development, and well-being. Am Psychol. 2000 Jan;55(1):68-78.

[14] Deci, E. L. (1971). Effects of externally mediated rewards on intrinsic motivation. Journal of Personality and Social Psychology, 18, 105-115.

[15] Forster, J. (2004). How body feedback influences consumers' evaluations of products. Journal of Consumer Psychology, 14, 416-426.

[16] Bargh, J. A., Chen, M., & Burrows, L. (1996). Automaticity of social behavior: Direct effects of trait construct and stereotype activation on action. Journal of Personality and Social Psychology, 71, 230-244.

[17] Aarts, H., & Dijksterhuis, A. (2002). Category activation effects in judgment and behaviour: The moderating role of perceived compatibility. British Journal of Social Psychology, 41, 123-138.

[18] Spivey, M. J., & Geng, J. J. (2001). Oculomotor

mechanisms activated by imagery and memory: Eye movements to absent objects. Psychological Research. Psychologische Forschung, 65, 235-241.

【第三章】

[19] Calder, A. J., Keane, J., Manes, F., Antoun, N. & Young, A. W. (2000). Impaired recognition and experience of disgust following brain injury. Nature Neuro- science 3:1077-1078.

[20] Lindquist KA, Wager TD, Kober H, Bliss-Moreau E, Barrett LF. The brain basis of emotion: a meta-analytic review.? Behav Brain Sci. 2012;35(3):121-143.

[21] Damasio, A. R. (1994) Descartes' error: emotion, reason, and the human brain, p. 257. New York, NY: Putnam.

[22] Lerner JS, Li Y, Valdesolo P, Kassam K. (2015). Emotion and decision making. Annu. Rev. Psychol. 66.

[23] Agosta F, Henry RG, Migliaccio R, Neuhaus J, Miller BL, Dronkers NF, Brambati SM, Filippi M, Ogar JM, Wilson SM, Gorno-Tempini ML. Language networks in semantic dementia. Brain. 2010 Jan;133(Pt 1):286-299.

[24] Bauer DH (1976). Exploratory study of developmental changes in children's fears. Child Psychol Psychiatry 17:69-74.

[25] Sharman LS, Dingle GA, Vingerhoets AJJM, Vanman EJ. Using crying to cope: Physiological responses to stress following tears of sadness. Emotion. 2020 Oct;20(7):1279-1291.

[26] Mischel, W., Shoda, Y., & Rodriguez, M. L. (1989). Delay of gratification in children. Science, 244, 933-938.

[27] Watts, T.W., Duncan, G.J., Quan, H. (2018). "Revisiting the Marshmallow Test: A Conceptual Replication Investigating Links Between Early Delay of Gratification and Later Outcomes". Psychological Science 29 (7), 1159-1177.